TRAITÉ

DE

HAUTE ADMINISTRATION

POUR

L'ÉDUCATION POLITIQUE

DES PRINCES HÉRÉDITAIRES.

IMPRIMERIE ANTHELME BOUCHER,
RUE DES BONS-ENFANS, N°. 34.

TRAITÉ

DE

HAUTE ADMINISTRATION

POUR

L'ÉDUCATION POLITIQUE

DES PRINCES HÉRÉDITAIRES,

D'APRÈS LES PRINCIPES ADOPTÉS

PAR JOSEPH II.

Dédié à la France.

> ..... Le seul paratonnerre qui puisse
> garantir un prince de la foudre poli-
> tique, est l'amour de ses peuples.
>
> (*Corresp. de l'auteur avec le duc*
> DE RICHELIEU, 1820.)

A PARIS,

CHEZ DELAUNAY, LIBRAIRE, AU PALAIS-ROYAL;

AMBROISE DUPONT ET Cⁱᵉ., RUE VIVIENNE, Nº. 16;

ET CHEZ LES PRINCIPAUX LIBRAIRES.

1828.

TABLE DES CHAPITRES

CONTENUS

DANS LA PREMIÈRE LIVRAISON.

FIN DE LA TABLE.

AVIS

AUX PRINCES HÉRÉDITAIRES.

PRINCES,

Nous avons tous des devoirs à remplir ; l'homme public contracte en outre une obligation spéciale et solidaire envers le corps politique ; plus il est élevé, plus ces obligations, ces devoirs sont grands.

Le premier devoir d'un prince héréditaire, si son éducation n'a pas été manquée, est l'*obéissance*, ensuite l'obligation positive de *s'instruire;* il doit étudier les hommes et les choses, et méditer sur ce mot MISÈRE, qui ne découle point de l'ordre naturel. Ce fléau *n'a été enfanté* que par ceux qui se sont trouvés à la tête des peuples, des nations.

Princes, nous vous présentons l'origine

et les causes qui occasionnent tant de maux aux peuples, et qui dérivent de toutes les branches de l'administration.

Notre langage n'est point celui *des courtisans ni des fourbes hypocrites*, mais celui que Dieu créateur ordonne à l'homme : la vérité, flambeau qui éclaire la justice, seule sauve-garde des nations, des monarchies...

TRAITÉ
DE L'ÉDUCATION
POLITIQUE
DES
PRINCES HÉRÉDITAIRES.

CHAPITRE Ier.

France.

Tout homme qui est membre d'un corps politique contracte une obligation religieuse de concourir à son bien-être, surtout lorsque la société
dont il fait partie *court des dangers.*

Voilà la raison pour laquelle nous avons en-
trepris d'indiquer les défauts de la haute administration, en analysant toutes les branches,
d'après les bases de l'ordre social, qui découlent
de l'ordre naturel.

En présentant à la France un Traité de haute
administration, nous espérons que cette nation
généreuse et grande y trouvera *la vérité, rien*

1

que la vérité; d'ailleurs nous exposons, sans aucune prétention, le bien et le mal que les circonstances nous ont mis à même de pouvoir apprécier dans diverses cours, près des gouvernemens et parmi les peuples que nous avons eu l'avantage de visiter.

Nous suivrons dans cet ouvrage la marche tracée par le grand prince philosophe Joseph II, qui, éclairé par le flambeau de la raison, s'était mis à la tête de la civilisation européenne, cherchait à arrêter cette tendance des nations pour le système républicain, et voulait *nationaliser* la monarchie en détruisant les deux plus grands ennemis des gouvernemens et des peuples, le *privilège* et l'*hypocrisie*.

Nous désirons prouver à la France que, lorsque ces deux fléaux, la puissance sacerdotale et nobilière, se glissent dans l'administration, il ne peut plus exister ni justice ni économie; alors le prince n'est plus qu'un instrument d'oppression, la religion des gouvernans un fantôme; l'ordre judiciaire devient un être passif; la dilapidation des deniers publics est sans borne, la méfiance s'empare du corps politique; des maux de toute espèce accablent la nation, la misère étend un œil hagard et farouche sur le trône et sur les grands, l'opprimé médite sa vengeance et un mépris solennel pour tout ce qui

se rattache à la couronne devient l'avant-coureur
de la dissolution des gouvernemens, et la chute
des monarchies est inévitable.

Nous sommes intimement et religieusement
convaincu qu'il n'y a que les amis de l'ordre,
de la monarchie, de la dynastie, qui puissent arrêter et même dissiper l'orage qui, depuis plusieurs années, s'accumule sur la nation française
et sur la famille régnante.

Les révolutions, dans un vaste empire, ne
sont jamais que les effets d'une mauvaise administration ; vouloir les prévenir, les dissiper,
les combattre, lorsqu'on alimente les causes qui
deviennent permanentes, et qu'il y a progression
croissante, c'est pure folie, et l'on ne fait qu'empirer le mal.

On doit observer que la majeure partie
des grands personnages actuels de la France,
qui se trouvent à la tête du gouvernement
et qui exercent le plus d'influence, ont bien
peu de connaissances, pour ne pas dire aucune, dans l'art d'administrer. Ils veulent éviter
une révolution, et la forgent, car ils n'ont vu le
grand drame de la révolution que du centre de
la salle où tout est illusion et mensonge.

Ceux qui ont tracé ces notes l'ont observé dans
les coulisses du vaste théâtre des puissances
étrangères, surtout celui de Saint-James, où

(4)

tout est exactitude et vérité : en conséquence,
c'est avec connaissance de cause que l'on peut
assurer qu'il existe une coalition contre la France
pour amener une révolution ; nous ne cesserons
de le répéter : il faut une attitude imposante
pour sauver la nation et la dynastie de l'orage
qui n'attend que le vent favorable pour éclater.

Les conspirateurs sont très puissans. Quelles que
puissent être les divergences d'opinion, de principe et d'intérêt entre eux, ils sont d'un parfait
accord sur ce seul point : *qu'il faut faire affai-*
blir la nation française par son propre gouver-
nement, que le trône soit isolé, qu'aucun rap-
prochement ne devienne possible entre la dynastie
et la France nouvelle et puissante, pour pouvoir
amener des troubles et leur faciliter les moyens
de la morceler, détruire cette grande monarchie s'il se peut ; il faut considérer que cette
entreprise est dans l'intérêt des dynasties, des
trônes, des peuples de chaque puissance cons-
piratrice. Il existe encore une autre conspira-
tion populaire européenne contre les Bourbons
de France et ceux d'Espagne, alimentée par le
conflit des opinions religieuses, pour favoriser
les prétentions et la suprématie de la Rome politique, qui se rattache à de hautes considéra-
tions politiques qui peuvent faciliter quelque
puissance à étendre ses vues sur le trône de

France. La sûreté de leur couronne l'exige. Ce serait une grande faute de ne pas profiter de l'apathie du cabinet des Tuileries, qui, s'étant tracé une fausse route, a déraciné la plante de la famille régnante qui était en pleine terre, et l'a placée dans un vase d'argile et bien plus frêle encore.

En politique, il n'y a pas de crimes : les fautes de ne pas les commettre sont seules considérées comme de grands crimes politiques.

Déjà la divine Providence s'est servie de la popularité du duc de Calabre (aujourd'hui roi), et de quelques démonstrations du *gouvernement français*, sous les ministères Decase et Pasquier, pour étendre le régime constitutionnel à l'étranger, qui porta une immense défection dans le système républicain qui *étend* ses ramifications depuis le Bosphore aux Colonnes d'Hercule, et de celles-ci à la Bérésina et à la Moscowa.

Ce système désignait cinq victimes, mais les zéros qu'il aurait fallu ajouter à ce nombre cinq épouvantèrent les hommes de bien.

Alexandre n'était point du nombre, quoique chef de la Sainte-Alliance, pouvant disposer de douze cent mille combattans pour fondre sur la nation française, si elle avait méconnu *l'indépendance de la fédération des monarques*,

Quelle fatalité !... Ce prince, quatre ans après, a péri victime des mêmes principes que l'oligarchie lui avait fait adopter à *Laybach* et à *Vérone*, en opposition aux grands intérêts de la Russie.

Princes héréditaires ! Dieu ne fait pas tous les jours des miracles ; fiez-vous à présent sur l'inviolabilité, qui n'est qu'une chimère lorsqu'elle se trouve appuyée uniquement par une force collective.

L'homme d'état en France doit fixer son attention sur les quatre puissances prépondérantes.

Le trône d'Angleterre a une suprématie de fait sur tout le globe, parce qu'elle est dans la nation dominante anglaise (1) ;

Celui de Russie est redoutable parce qu'il est aujourd'hui dans l'armée.

Le trône d'Autriche est stable à cause de sa sage administration et de l'appui indispensable de l'Angleterre, qui, pour les intérêts de la Grande-Bretagne, lui laisse exercer impunément une lourde influence sur la France et sur d'autres puissances du second et du troisième ordre, vu la nullité du cabinet des Tuileries.

(1) L'aristocratie qui se compose depuis le lord jusqu'au fabricant, le négociant, l'artiste, etc, etc.

Celui de Prusse cherche à s'affermir et à se rendre indépendant, pour pouvoir graviter à son tour. Les belles qualités du prince héréditaire, qui ne craint pas les sociétés secrètes, donnent les plus grandes espérances à la nation prussienne.

Le trône de France est aux Tuileries.

En politique, le seul moyen de conjurer les orages est de leur donner la plus grande publicité, toute réticence devient nuisible. Malgré ce principe juste et indispensable, il nous est très pénible d'entrer dans des dissertations de haute politique pour démasquer les intrigues de la tortueuse diplomatie, et d'être forcé d'analyser les causes qui se rattachent à toutes les branches de l'administration, et qui facilitent les vues hostiles et ambitieuses des étrangers contre la France et contre l'auguste dynastie des Bourbons.

CHAPITRE II.

Quelques notions sur Joseph II.

Joseph II, empereur d'Autriche, n'était pas seulement une tête couronnée, mais il exerçait la souveraineté par devoir. Grand administrateur, il suivait la marche de la civilisation. Ne

craignant point les conspirateurs ; il se prome-
nait publiquement seul, à pied, sans escorte,
environné de l'estime publique et sous la sauve-
garde de tous ses sujets.

Ce souverain parcourait avec célérité ses états
sans *se faire annoncer*. Il devançait sa suite,
accompagné d'un secrétaire et d'un domestique ;
comme un simple particulier, il logeait en route
au premier hôtel, mangeait également à table
d'hôte, et souvent les autorités savaient que
l'empereur était dans leur ville, après que Sa
Majesté avait déjà contrôlé leur administration.
Ce monarque ne s'en rapportait guère au dire des
autres ; mais, autant qu'il le pouvait, c'était par
lui-même ; et pour sa propre conviction, il ne
voulait point d'intermédiaire entre sa personne
et l'individu, quelle que fût la classe à laquelle
il aurait appartenu.

Joseph II plaignait les peuples dont les souverains, assiégés dans leurs palais par les courtisans, sont inaccessibles aux remontrances de
leurs propres sujets. Ce grand prince disait
qu'en s'adressant directement *il était sûr de
découvrir la vérité ; qu'il avait toujours trouvé
dans ceux qui composent la nation, des sujets
hommes et sociaux , et qu'il ne voyait dans les
cours de toutes les monarchies que des sujets
reptiles et presque toujours malfaisans, pour*

peu qu'il y ait de faiblesse dans le prince qui
régit.

L'administration en Autriche, quoique gouvernée par le pouvoir absolu, établie par Marie-
Thérèse, est vraiment paternelle, d'après cette
maxime : *le peuple avant tout*, *car les riches
se tirent toujours d'affaire.*

En Autriche, la noblesse, encore moins le
clergé, n'exercent aucune influence directe auprès du gouvernement. La probité qui domine
dans l'administration est avare des deniers publics.

La corruption, la dilapidation, ne sont point
le ressort du ministère ; mais bien la justice et
l'économie, seul dogme religieux des états.

Joseph II ne fit qu'affermir l'administration
de sa mère. Malgré ces grands avantages, il considérait toutes les monarchies, même celle de la
Grande-Bretagne, comme des gouvernemens
purement politiques, parce qu'elles étaient entièrement dépendantes du souverain et de d'influence des courtisans, qui se trouvaient investis
du pouvoir, cherchait les moyens pour que le
bonheur des peuples ne fût point précaire à
nationaliser la monarchie héréditaire.

Ce prince visita, pour son instruction, presque
toutes les puissances de l'Europe. En grand
observateur et profond critique, il avait remar-

qué que, dans toutes les monarchies, les progrès de la civilisation avaient un difficile accès
dans les palais des souverains, qui, par leur im-
mobilité, souvent se trouvaient éloignés de leur
peuple, ce qui rendait embarrassante la marche
de certaines administrations qui veulent tenir
aux anciens systèmes. Il se formait une lutte
morale entre le trône et la nation, et alors il
n'est pas étonnant de voir des princes qui sont
souvent dans la dure nécessité de s'appuyer sur
l'autorité, sur la force, tandis que les peuples,
soutenus par la *raison*, finissent toujours par
triompher des anciens préjugés.

D'après ce principe, Joseph II avait formé le
projet de compiler un traité de haute administration qui pût servir de base élémentaire à l'é-
ducation des princes héréditaires.

Indépendamment des notes que ce souverain
avait recueillies, il faisait voyager en outre,
dans les pays étrangers, des hommes capables
d'approfondir non seulement les branches de la
haute administration, mais encore sur tout ce
qui devait avoir rapport à l'agriculture, à l'industrie, au commerce, aux arts, aux sciences,
et ces éminens personnages correspondaient directement avec Sa Majesté.

C'est dans l'intérêt des monarchies que nous
allons donner des extraits de ces notes, en les

appliquant aux circonstances ; et on sera étonné
de voir comme ce grand prince philosophe avait
su simplifier les plus hautes questions politiques, parce qu'il connaissait le poids d'une couronne ; aussi écrivait-il, en 1789, à un homme
d'état, à Paris : « Exercez le peu d'influence qui
» vous reste à la cour, et faites sentir de ma part
» à ma sœur, à mon frère, que j'ai sous les yeux
» l'histoire des Stuarts et celle de Cromwell,
» avec des notes précieuses ; cette lecture me
» confirme qu'à mesure que les peuples font
» des progrès dans la civilisation, ils sentent
» que les *nations ne sont point faites pour le*
» *roi, mais le roi pour les peuples*; et c'est une
» grande maxime politique : Les rois meu-
» rent, et même violemment.... les dynasties
» se dispersent..... les monarchies disparais-
» sent.... *les peuples seuls restent.* »

CHAPITRE III.

De la nécessité d'améliorer l'éducation des
princes héréditaires.

JOSEPH II, dans ses voyages, s'étant entretenu
avec plusieurs princes héritiers des couronnes,
sentit que leur éducation n'était pas analogue
aux progrès des lumières, à la marche de la
civilisation

Son opinion était qu'il ne fallait pas des romans pour former le cœur des princes héréditaires (il faisait allusion au *Télémaque*); mais leur faire connaître sans détours quels sont les devoirs que l'ordre social, qui découle de l'ordre naturel, impose à toutes les couronnes.

Lorsque ce monarque vint en France, il fut surpris que la nation la plus civilisée d'Europe, se trouvait être la plus arriérée sous les rapports de la politique administrative.

Ce prince philosophe considérait la cour comme un gouffre qui engloutissait toutes les ressources de la nation; et dont le Roi ne pouvait pas voir au-dessus de ses bords.

Mais il fut ravi de l'esprit vif et franc qui caractérise cette nation, et sentait tout l'avantage qu'un prince pouvait retirer d'un si grand peuple.

En parlant de la cour, il disait :

« Mon frère (Louis XVI) est bon; il a le
» cœur droit et aime son peuple. Il voit et se
» trouve intimement convaincu que tous ceux
» qui l'entourent ne sont que des *grimaciers*;
» mais, esclave des préjugés et de l'étiquette
» qui ont servi de base à son éducation, il croi-
» rait déroger à la dignité de sa couronne s'il
» voulait les surmonter. »

A peine les troubles commencèrent à paraître en France en 1787, que les puissances les suivirent de bien près; et tous les cabinets furent persuadés que la cause en était due à l'administration et à l'éducation des princes qui n'étaient pas en harmonie avec le degré de civilisation de la nation française (1).

L'éducation des princes est restée plus ou moins stationnaire; elle est encore aujourd'hui ce qu'elle était il y a cent ans : deux cents ans en arrière; et, malgré la révolution, les privilégiés, depuis 1815, ont repris leur place dans plusieurs cours. Ils se sont emparés de *nouveau* de toutes les avenues du pouvoir, des ressources de l'état, et se sont chargés de l'éducation des princes héréditaires. Appuyés sur une force collective, ils persuadent plus que jamais à des monarques faibles que le pouvoir leur appartient *par droit de naissance et divin*, et que les peuples sont faits pour obéir.

Il est dans l'intérêt des dynasties et des nations d'anéantir les doctrines émanées des préjugés de l'étiquette qui occasionnent de bien grands malheurs.

Quel objet de méditation profonde pour des

_____

(1) Nous saisirons avec empressement toutes les circonstances pour éclairer la religion des princes héréditaires sur les causes qui ont amené la révolution en France.

princes héréditaires , si les hommes d'état et non les hypocrites et les privilégiés, peuvent entourer les princes appelés à régner, et leur présenter ce tableau effrayant, mais nécessaire.

Il existait en France , (en 1790 ,) vingt-six membres des différentes branches de l'auguste famille des Bourbons; et dans l'espace de trente ans

8 sont morts violemment.

7 ont terminé leur carrière en exil.

15 sur vingt-six !

Quatre seuls ont eu la consolation de mourir naturellement, et dans leur patrie.

Quel sort prépare-t-on à ceux qui restent.... ?

Il ne faudrait pas craindre de faire observer à leurs Altesses que ce fut un seul homme qui, par la force de son *éloquence* et appuyé de l'opinion, détruisit l'ancien trône de la monarchie française, et amena cette horrible catastrophe qui, pendant vingt-sept ans, a bouleversé le monde entier. Couronnes, dynasties, peuples, tous ont ressenti les tristes conséquences de ce grand désastre.

L'homme qui réfléchit et qui aime son roi et sa patrie (peu importe la classe à laquelle il appartient), sent la nécessité de cette amélioration dans les cours, d'autant plus que les maux horribles qu'ont soufferts l'humanité et l'infortunée

dynastie des Bourbons, sont loin d'être épuisés!
Ils sont en suspens.....

Les causes qui ont amené la révolution ne sont
point anéanties; au contraire, le mécontentement les ranime, l'hypocrisie les alimente, la
misère leur donne de l'aigreur; on s'inquiète,
on désespère.... on contraint le peuple à chercher un homme!!!

Heureux le prince qui saura se mettre à la
tête de la civilisation, qui fera élever l'héritier
d'après les progrès des lumières, et qui se déta-
chera du faux système de la Sainte-Alliance, qui
n'a eu d'autre résultat que de séparer les trônes
des nations pour alimenter l'insatiabilité de
l'oligarchie et de la théocratie, en réduisant les
peuples à la misère.

Il faut, pour la propre sûreté des souverains,
des dynasties, et pour la tranquillité des peuples,
que l'éducation des princes héréditaires se trouve
établie de manière que les événemens qui tiennent
au maintien de l'État, à l'indépendance de la
nation et à l'honneur de la couronne, ne soient
dénaturés et à ne pas s'abuser sur les assertions
mensongères des courtisans, sur la force collective et sur le droit d'intervention, et leur inculquer que la seule force morale est la sauve-garde
des monarques. Un grand homme a dit:

« Lorsqu'un peuple *veut* conquérir sa liberté,

» il est impossible de lui faire croire qu'il ait
» tort. »

CHAPITRE IV.

Comment l'homme doit être défini aux princes
héréditaires.

DE tout temps on a cherché à approfondir le
système de la nature et à déterminer ce qu'est
notre espèce : tous sont convenus que nous sommes
des animaux ; mais que celui que nous appelons
homme dans notre langue est un animal raison-
nable. *Homo est animal rationale.*

Nous aimons à croire que cette définition est
très judicieuse, parce que nos ancêtres ont observé que Dieu, dans la création de notre orbite,
a privilégié exclusivement l'animal-homme en
lui donnant un élément indéfinissable que nous
nommons *âme*, élément qui fait agir la *pensée*,
l'*intelligence* et la *religion*. C'est la fusion de ces
trois principes qui constitue la *raison*.

En faisant un examen profond, on trouve que
la pensée, l'intelligence et la religion, paraissent
être aussi communes à toutes les espèces d'animaux ; mais qu'elles ont des limites fixes. Les
facultés qui distinguent l'homme de la brute sont :
la communication de la pensée, la dissertation,
la discussion, la critique, l'investigation, la

comparaison, le perfectionnement : telles sont les attributions qui donnent à l'homme une supériorité sans bornes, sur tout ce qui existe sur le globe.

La pensée, qui court avec une rapidité et une volubilité incompréhensibles, n'aurait pas de bornes sans l'intelligence qui la fixe. Ce serait folie. Aussi, en voyant un aliéné, disons-nous : *Il n'a point de raison.*

Lorsque la pensée ne peut pas se développer ou qu'elle manque de cette rapidité, l'intelligence et la religion se trouvent alors paralysées. Dans ce cas, c'est nullité, imbécillité, incapacité de bien et de mal.

Quoique la pensée soit fixée par l'intelligence, si elle n'a pour guide la religion, ce n'est plus la raison, mais bien une frénésie qui doit nuire à soi-même ou à son semblable ; c'est cette raison qui nous met à même de comparer notre espèce avec toutes les autres qui peuplent notre terre ; et quoique nous soyons tous des composés de la même matière, et que nous soyons sujets à la même rotation, origine et fin, l'homme voit sa grande supériorité sur la terre ; et la raison lui fait connaître qu'un Dieu créateur lui en a laissé une entière jouissance, qu'il n'a pas donné à tous les mêmes instincts, comme aux autres espèces

2

d'animaux, mais que chacun peut en user à volonté.

La raison présente à l'homme l'Être-Suprême dans sa plus grande splendeur, lorsqu'elle lui montre qu'il est le plus faible de tous les êtres créés, dont les développemens des forces physiques et morales sont les plus lentes; et ce n'est que par la grande attention et la constante assiduité que nous donnent nos parens, que les facultés intellectuelles se déployent, et que nous pouvons parvenir au second âge, la jeunesse, qui doit être considéré comme le principe de la vie.

Malgré la grande faiblesse de l'homme, Dieu lui a donné un empire sur tout ce qui se trouve sur son orbite, et lui a même permis *de porter son investigation* au-delà; mais la *raison* l'abandonne, et l'homme rentre dans son *néant*, lorsqu'il prétend approfondir le grand œuvre de la Divinité, et chercher l'*origine* de tout être créé.

La raison nous fait connaître que Dieu ayant borné l'intelligence de toutes les espèces d'animaux, il leur a fourni et limité les moyens d'existence.

Dans l'ordre social des brutes, les individus, dans chaque espèce, ne sont pas obligés de *se priver du nécessaire pour nourrir des oisifs.*

La Providence n'a point donné à l'homme des

alimens fixes. Tout ce que la nature produit, l'intelligence le présente à l'homme pour sa nourriture, pour sa conservation. Elle ne lui a point assigné de régions particulières; près du pôle comme sous la zône torride, partout où il y a de l'eau douce, l'homme sait se procurer une existence plus ou moins laborieuse, plus ou moins pénible.

Voilà l'homme, tel que Dieu l'a créé, et quelle que puisse être la gradation de la couleur, de la taille, quelles que soient les variations légères et partielles dans les formes, variations communes à chaque espèce d'animaux, à chaque sorte de végétaux, de tout corps solide ou liquide, *les facultés de l'âme sont les mêmes* pour toute l'espèce humaine, et tous se trouvent égaux devant le Créateur.

CHAPITRE V.

De l'Ordre social.

LE grand projet de Joseph II de vouloir nationaliser la monarchie, ne peut avoir un principe d'exécution, jusqu'à ce que la société soit chargée *de diriger* l'éducation du prince qui doit régir le corps social.

Vouloir remonter à l'origine et chercher les causes qui ont pu réunir les hommes en société, et comme elles se sont composées, ce serait entrer dans des hypothèses problématiques fort embarrassantes.

Ce qui paraît positif, c'est que l'intelligence faisant sentir à l'homme toute sa faiblesse, il a dès-lors reconnu le besoin, pour sa propre conservation individuelle, de ne pas se séparer de la famille, d'où il a pris naissance.

La raison protectrice de l'espèce humaine, dompte la férocité de l'homme en lui présentant un lui-même dans chaque individu qui compose la société dont il fait partie. Il sent qu'il est obligé de faire un abandon de sa force morale et physique, pour concourir à soutenir l'indépendance du corps politique, tandis que chaque individu réuni en masse garantit la sienne.

La réunion de plusieurs familles forme une bourgade; plusieurs bourgades, une tribu; plusieurs tribus, une nation; mais ni les familles, ni les bourgades, ni les tribus, ni les nations constituées en corps politiques, ne peuvent subsister *sans le travail, sans des conventions sociales et sans un chef.*

Les conventions sociales, ou autrement lois, ne doivent avoir eu que trois points de vue fixes : d'abord entretenir tous les membres de la société dans une occupation quelconque ; secondement, défendre l'indépendance du corps politique ; et en troisième lieu protéger la liberté de chaque individu.

La simplicité des mœurs dans les premiers âges, contribuait au bien - être de la société. Le *travail* était l'apanage de chaque membre, *sans distinction* ; et s'il ne nous reste que des traditions bien vagues sur nos ancêtres, c'est d'un bon augure ; car *l'histoire et les lois d'un peuple administré sagement devraient remplir bien peu de pages*. Alors, il n'était guère possible de profiter des bienfaits de la société *sans y concourir*, et tout individu à qui le corps social aurait confié des attributions et qui aurait abusé de la confiance publique, *la société avait le droit de le juger, de le destituer et de le punir sévèrement*.

Toute contrée où le travail est dirigé par la bonne administration doit être opulente ; aussi a-t-elle dû exciter l'envie, surtout celle des peuples nomades, soit par un surcroît de population, soit par l'esprit de rapine, qui souvent, sous la conduite d'un chef, y ont porté le fer, le feu, la misère, la désolation, la mort.

L'histoire de toutes les nations du monde fourmille malheureusement de ces chefs brigands, qu'on appelle *conquérans*, qui se sont emparés du territoire des sociétés paisibles qui ont réduit les individus à l'esclavage, et qui ont fait disparaître ces mêmes sociétés.

Les chroniques de toutes les régions d'Europe attestent qu'indépendamment de l'ambition et de l'esprit de rapine, un fléau bien plus fort a accablé encore les peuples. Ce furent *les sanglantes discussions religieuses* qui finirent par détruire les progrès de la civilisation et abrutir tous les peuples.

La découverte de l'imprimerie et de la poudre à canon arrêta cet état de barbarie.

Il a toujours existé des schismes parmi les oppresseurs, soit par jalousie, soit par intérêt. Les schismatiques se servirent de la presse, tant pour se réunir que pour alimenter leurs discussions. Cette lutte enfanta une nouvelle classe d'individus, intermédiaire entre les oppresseurs et le serf; et les lumières que l'on croyait éteintes depuis bien des siècles, ressortirent avec un nouvel éclat.

Le clergé politique romain a exercé la tyrannie en s'arrogeant l'empire spirituel du monde ; et même encore aujourd'hui, il ne veut admettre d'autre principe que celui-ci : Empereurs, rois, princes, peuples, tous doivent être tributaires, et soumis par *droit divin* au vouloir d'un évêque qu'on appelle *pape*, résidant à Rome, qui prétend que la dernière des stalles de la hiérarchie ecclésiastique doit être au-dessus de tous les trônes.

Les injustes prétentions de Rome n'ayant jamais eu d'autre charte que l'ignorance et la faiblesse, des hommes éclairés, qui avaient déserté les bannières du chef de l'Eglise, trouvèrent des princes qui, tenant à leur indépendance, protégèrent le schisme, le propagèrent par l'imprimerie, l'appuyant par la poudre à canon ; et ayant augmenté le nombre des dissidens, se déclarèrent indépendans du droit divin usurpé par les papes ; dès-lors les sociétés reparurent et prospérèrent.

Rome fit une coalition de souverains faibles et incapables d'apprécier la dignité d'une couronne, qui, pour des gratifications chimériques, cherchèrent à subjuguer les princes et les nations dissidens, guidés par la saine raison, et par un excès de condescendance pour le pouvoir temporel des papes, alimentèrent un carnage épouvantable.

La lutte fut longue et opiniâtre ; mais la philosophie augmentant chaque jour les rangs des dissidens, les papistes furent contraints de composer ; et grâces aux génies réunis du cardinal de Richelieu et du grand chancelier de Suède

Oxenstiern , le protestantisme reçut une consistance politique et indépendante.

Cette grande victoire de la civilisation sur la
barbarie, amena une défection dans les états de
la chrétienté, qui n'avaient pas été dissidens
sous les principes dogmatiques.

Des princes , pour leur propre sûreté et pour
la tranquillité de leur peuple , demandèrent leur
émancipation du temporel, que les papes ont été
forcés d'accorder , pour nous servir de la phrase
adoptée par la chancellerie apostolique., *ad tem-
pus ;* aussi le même peuple qui a joui des avantages que ressentent les nations régies par des
souverains éclairés et sages, peut retomber dans
le plus grand malaise et avilissement sous un roi
faible, ignorant et imbécille, qui se laissera entourer et influencer par le sacerdoce ou par *la
puissance papale ,* surtout s'il avait le malheur
de *tenir indirectement à une corporation religieuse quelconque ;* alors le corps politique ne
doit espérer aucun adoucissement à ses maux ,
et il n'est pas étonnant de voir des peuples se
porter aux extrêmes.

Sans remonter aux anciennes histoires, il s'est
passé bien des événemens remarquables depuis
l'espace de deux siècles ; événemens qui ont été
amenés par les progrès de la civilisation, et dont
la société a ressenti de grands avantages. Les

révolutions de Hollande et de Suisse, l'émancipation des protestans, la régénération de la Russie
sous Pierre-le-Grand ; l'expulsion des Stuarts du
trône d'Angleterre, la révolution des États-Unis
d'Amérique, la révolution française, celle de
Suède, de l'Amérique du Sud ; la mort prématurée de plusieurs souverains ; la lutte meur-
trière que les malheureux Grecs soutiennent
contre un maître puissant, et qui en outre sont
encore accablés par l'oligarchie de tout le globe,
par la jalousie et par les craintes chimériques de
certaine cour ; le système furibond des aposto-
liques de la Péninsule, appuyés par la même
oligarchie : tous ces événemens soutiennent l'es-
pérance des peuples qui réclament une influence
directe dans l'administration qui doit être régie
par LA JUSTICE ET L'ÉCONOMIE.

La lutte morale des nations contre les monarchies purement politiques augmente tous les
jours, parce que des gouvernemens, sous des
princes faibles, dirigés par la caste nobilière
et sacerdotale, maîtres de toutes les avenues du
pouvoir, des ressources et de la force, s'étant
constitués puissance, tyrannisent le peuple.

Nous croyons nécessaire de répéter que la
société se trouve toujours languissante, lorsque
la noblesse et le clergé ont un ascendant sur le
monarque ; la corruption, l'hypocrisie, la vé-

nalité sent à l'ordre du jour ; l'ordre judiciaire
sans action , l'instruction est rétrécie, l'émulation lente, la morale se relâche, le culte sans
dignité , le vice sans masque , l'oppression agit
fortement et avec audace ; elle enlève le pain à
la famille de l'homme laborieux, fomente le li-
bertinage ; la débauche lui ouvre le chemin du
crime et traîne avec joie le malheureux sur un
lit de douleur, ou bien l'incarcère ou le conduit
à l'échafaud.

En peut-il être autrement...., lorsque quelques centaines d'individus, pour se donner au
superflu, absorbent une portion considérable
du *nécessaire* à plus de dix millions d'infortunés,
dont une grande partie est réduite à la plus
affreuse des misères.

CHAPITRE VI.

De l'opinion publique, aujourd'hui seul soutien du trône.

A mesure que la civilisation fait des progrès
et qu'elle étend ses ramifications, les peuples en
retirent de grands avantages. Il s'est créé une
puissance nouvelle qui s'accroît tous les jours :
L'OPINION PUBLIQUE. Toute sa force est dans la

conviction. Une fois établie, elle *paralyse tout et règne en despote.*

Mirabeau, Tallien, Bonaparte, Talleyrand, *sans armes et sans phalanges,* ont renversé quatre gouvernemens, ayant tous *les élémens* pour se maintenir. Ce fut l'opinion seule qui, de simples particuliers, éleva Cromwell, Napoléon, Bernadotte au pouvoir suprême.

L'opinion est une puissance *incorruptible* et *indestructible;* elle *éleva* en France Bonaparte à la première magistrature, et *écrasa* Napoléon *empereur* malgré ses six cent mille baïonnettes, et quelle armée !!!

Pourquoi l'opinion publique a-t-elle tant de force? Parce qu'elle base sa conviction sur l'expérience du passé; elle est consolidée par le burin de l'histoire, par le pinceau et le ciseau de l'artiste, qui, ne craignant plus la police et les vils insatiables courtisans, rapportent fidèlement les actes de vingt siècles, de tous les règnes, de toutes les administrations, les causes qui ont élevé un peuple à sa grandeur ou qui ont amené sa décadence.

Aujourd'hui un homme d'un esprit juste, suivant dans son cabinet les progrès de la civilisation, s'il veut analyser la marche de tel ou tel gouvernement, comparer le présent avec le passé et consulter l'opinion publique, peut prédire, sans crainte de se tromper, un avenir flatteur ou orageux.

Joseph II, administrateur intègre, bon citoyen et grand prince, fixa l'opinion à son avantage. Ce monarque, en voyant la rapidité avec laquelle les lumières se répandaient, disait :

« Heureux les peuples dont l'administration » respectera et consultera l'opinion publique : » elle marche avec le mérite en *tête*. La domi- » nation qui soutient dans les cours et près des » gouvernemens, *l'ignorance, la cupidité,* » *l'hypocrisie et la morgue*, finira par être dé- » trônée. » Aujourd'hui on doit dire : *Virtute vindictâ, opinio, pede claudo*. Ce qui accélère la marche de l'opinion sont ces *déhontés écrivains salariés qui encensent avec des* assa fœtida *tous les actes de l'administration, ou des fonctionnaires dont malheureusement la fumée caligineuse noircit le trône, et la puanteur fait rétrograder les peuples.*

Il faut examiner l'opinion publique en Angleterre où l'on ne prodigue pas au poids de l'or les louanges à la haute administration; mais c'est l'opinion seule qui les lui donne spontanément, car les ministres la respectent et exposent avec *franchise la situation* de la Grande-Bretagne, ils la consultent pour faire face aux *urgences*.

Si le ministre, dans les chambres, est con-

traint à des réticences, l'opinion est intimement
persuadée que ce n'est point pour pallier des
intérêts particuliers ; mais, qu'au contraire, ce
sont les grands intérêts de l'État qui l'exigent.

Si le gouvernement, appuyé par elle, se refuse à des économies, il leur dit franchement :
« Nous avons besoin d'argent, vu les circons-
» tances, pour nous tenir prêts à des événemens
» imprévus et encore afin *d'ajouter quelque par-*
» *tie au livre rouge* (1). » L'opinion est persuadée que cet argent n'est point distrait secrète-
ment pour *alimenter* l'insatiabilité de l'oligarchie théocratique.

Si le ministre en Angleterre attaque et traduit
sans ménagement à la barre de l'opinion européenne des gouvernemens, des ministres déjà
écrasés par l'animadversion publique, à cause de
la faiblesse du prince qui régit, c'est que le ministre britannique veut alors *les mettre dans*
l'impossibilité de se relever ; et l'opinion qui
soutient l'Angleterre applaudit à de semblables
coups d'État qui deviennent nécessaires pour
consolider la suprématie de la Grande-Bretagne,
qui rallie tous les partis qui sont pénétrés de la
probité et de la prévoyance du ministère, et tous
s'accordent pour lui aplanir les difficultés.

---

(1) Le registre secret de la corruption continentale.

En Angleterre, les oligarches, la cour, l'autel, pas même *les évêques parjures*, n'ont aucune influence pour entraver l'administration dirigée par l'opinion publique.

Nulle puissance d'Europe ne peut présenter un semblable exemple d'une parfaite harmonie entre les gouvernemens et le peuple; aussi, l'opinion publique est partout plus ou moins ouvertement déclarée contre leur gouvernement, parce qu'ils ne veulent pas imiter la marche du cabinet de St.-James qui ne consulte que les grands intérêts de la nation.

L'opinion compare le continent d'Europe à un vaisseau agité par des vagues enflées par le vent britannique. La France n'ayant pas *su se saisir du gouvernail européen*, le ministre anglais l'a donné au prince Metternich pour maintenir la suprématie commerciale et politique de la Grande-Bretagne. Les secousses et le malaise que le *roulis* nous fait éprouver, ne peuvent être attribués qu'*à la manœuvre toute tudesque*.

Voilà pourquoi des ministres ineptes investis de la confiance d'une tête couronnée, et qui, à cause de leur mauvaise administration, sont entièrement abandonnés par l'opinion pour conserver leur portefeuille, sont forcés de la braver, de penser pour l'absolutisme, et de se conformer aux ordres qui partent du quartier-général de

Vienne, par l'entremise des agens de la Rome politique.

L'opinion publique de la grande nation française est la même que celle des puissances du deuxième et troisième ordre. Elle doit chercher tous les moyens de secouer le joug de l'influence qu'exercent l'Angleterre, la Russie et la Prusse; mais plus encore celle de l'Autriche et de la puissance sacerdotale.

Si le ministère français se refuse de suivre l'opinion publique et la politique *tracée* par le cardinal de Richelieu, qui est d'abattre la maison d'Autriche et le pouvoir de Rome, les hommes d'État affirment avec raison qu'une catastrophe est inévitable en Europe, parce que les maux des peuples ne présentent aucun terme : ou la France sera en *révolution, ou elle sera entamée*, ou bien l'opinion publique entraînera l'auguste dynastie des Bourbons.

CHAPITRE VII.

Roi et têtes couronnées ; différence.

ROI.

Un grand prince disait avec raison : « Les » rois sont rares, on ne voit que des têtes cou- » ronnées ; aussi, je n'en connais qu'un seul,

» Charles Emmanuel III, qui ait mérité les
» éloges de Montesquieu : il l'a associé à son
» immortalité (1). »

Cette pensée est profonde et digne de l'illustre
Frédéric II, qui ne reconnaissait que *le mérite,
rien que le mérite.*

Un célèbre philosophe a défini les rois en disant : « La nature fournit à peu de frais le né-
» cessaire à l'homme, mais elle veut être aidée,
» et pour cela Dieu a donné aux souverains le
» droit et l'obligation d'un père. Le roi a deux
» moyens pour aider la nature; d'abord, l'ins-
» truction et la récompense, et ensuite accorder
» la plus grande liberté pour tout ce qui peut
» être utile à la famille dont il est le père... »

Oui, le roi est un père de famille; il doit être
jaloux de son autorité pour établir dans sa maison un ordre fixe. Tous ses enfans sont égaux
vis-à-vis de lui, et il ne peut avoir, pour aucun
d'eux, ni partialité, ni préférence. Un souverain,
père du peuple, ne permettra pas qu'un individu
quelconque cherche à opprimer son frère; il ne
donnera pas à ses enfans des précepteurs ignorans et hypocrites; mais il cherchera ceux qui
sont les plus éclairés. Les tables de Moïse servi-

_____

(1) *Lettres persanes.*

ront de base à leur éducation analogue, à leurs facultés physiques et morales ; il fera tout son possible pour entretenir le travail et le faire aimer ; il procurera à sa famille les amusemens qui soulagent l'esprit des occupations journalières ; il donnera le premier l'exemple de la moralité et de la justice en se soumettant à l'empire des lois.

Le roi père souffrira le premier lorsqu'il sera forcé de sévir contre quelqu'un de ses enfans , et cherchera toujours à *prévenir tout ce qui pourra leur nuire*.

Il ne prendra pas pour agens des individus tarés, ignorans, avides, ne jouissant d'aucune considération , afin qu'une noble économie maintienne toute la famille dans l'aisance.

Il se fera un devoir religieux d'éteindre les dettes s'il en existe.

Sa maison ne sera que le rendez-vous de citoyens incapables de nuire, et il ne s'entourera que des hommes probes et instruits dans ses liaisons et ses transactions ; il ne cherchera que les intérêts de la famille, et n'intentera jamais de procès, si ce n'est pour soutenir les droits et l'indépendance de ses enfans.

La nation, sous un tel prince, ne pourra que prospérer ; il sera adoré de ses peuples, et se conciliera le *respect et l'estime* des étrangers.

Tels sont les devoirs d'un roi *que Dieu or-*

3

donne ; et Dieu ne peut sanctionner que les actes d'un bon père.

CHAPITRE VIII.

Tête couronnée.

Le grand Frédéric avait raison de plaindre les nations qui avaient pour souverains des têtes couronnées, portant les insignes de la royauté par droit de naissance, sans connaître les devoirs qui y sont attachés. Il vaudrait beaucoup mieux encore avoir pour tête couronnée, une statue, un automate, une brute, car si ces êtres inanimés et sans raison étaient incapables du bien, ils ne seraient pas l'instrument principal du mal.

Joseph II faisait, à cet égard, une grande réflexion : « La faute, dit-il, n'est pas toujours de » la tête couronnée, mais plutôt de ceux qui lui » ont donné l'éducation et qui ont formé le » prince héréditaire ; car il n'est pas dans l'inté- » rêt des courtisans de donner au jeune prince » des précepteurs éclairés et probes, capables » de faire connaître à l'héritier de la couronne » qu'il existe en lui deux êtres bien séparés : » l'*homme* et le *souverain*.

» Tout le but des cours est de corrompre
» l'homme; et on se garde bien de graver dans
» le cœur du prince les devoirs attachés à la
» souveraineté, excepté sous les rapports des
» vues intéressées et ambitieuses de ceux qui
» l'entourent. »

Il faut bien remarquer que les hommes n'ayant
pas tous les mêmes instincts, quoique descendans
en ligne directe, les courtisans moulent l'éducation du prince héréditaire entre le système qui
régit la cour dans son enfance, et le caractère
que la nature a plus ou moins développé dans
son altesse; et ce serait un phénomène qu'un
tel prince, abandonné à lui-même, pût adopter
des principes fixes. Voilà pourquoi les rois sont
très rares, et que malheureusement les têtes couronnées abondent.

Avant de définir la marche gouvernative des
têtes couronnées, voyons sur quelles bases, dans
quelques empires, on établit l'éducation de l'héritier de la couronne.

A peine la princesse qui doit donner le jour
au nouveau-né a des symptômes de grossesse, que
la flatterie est là, et qu'elle propage partout que
les dieux et les déesses doivent concourir à l'organisation de ce grand prince. A-t-il reçu le jour,
des réjouissances publiques sont aussitôt ordon-
nées; les temples mêmes y prennent part comme

3..

si l'État avait échappé à une terrible catastrophe faute de la naissance de l'enfant royal, quoique Pierre-le-Grand ait dit : « *Les trônes ne man-* » *quent jamais d'héritiers.* »

Il faut être pénétré constamment de cette grande vérité : La doctrine, étiquette de cour, enseigne que les princes, les dynasties régnantes, ne sont point de notre *race*, mais bien des êtres privilégiés au-dessus de la caste nobilière et sacerdotale, sans aucune comparaison *avec la pauvre espèce humaine.*

La naissance d'un prince héréditaire est toujours célébrée par des poètes courtisans qui font descendre de l'Olympe, *Minerve*, *Pallas*, enfin toutes les *divinités*, pour présider à l'éducation du nouveau-né, et quoiqu'il n'ait point encore les yeux ouverts, on a déjà formé une maison à son altesse royale, où l'on ne voit pas figurer en première ligne, les nourrices, les berceuses, les lingères ; mais des aumôniers, des gentilshommes de la chambre, des secrétaires, un état-major, des aides-de-camp, des porte-arquebuses, des sommeliers, des huissiers, des valets-de-chambre, sans compter le chef de bouche, *personnage très essentiel*, et toujours fort abondant dans les cours.

A peine le prince royal se trouve-t-il âgé de quelques mois, que les courtisans parlent déjà de ses rares qualités, et s'entretiennent de ses merveilles.

L'enfant trépigne-t-il, alors la flatterie fait une alliance indissoluble avec la bassesse : *Il ne faut pas trop contrarier Son Altesse; l'on doit céder.....* C'est là le type de la politique des cours et *l'origine de tous les maux.*

A peine la pensée du jeune prince commence-t-elle à prendre du développement, que le grand luxe qui l'entoure et la basse soumission d'hommes à grands titres et chamarrés de décorations, lui font déjà croire *qu'il est un être supérieur;* et lorsqu'il peut porter ses regards hors du palais, et qu'il voit le peuple, *il est convaincu* qu'il appartient *à une race bien au-dessus de l'espèce humaine.*

Un tel enfant, à qui on laisse faire ses volontés, devrait être insolent; non, il est timide, parce que les fourbes et les hypocrites courtisans qui l'élèvent, pour le diriger à leur gré, lui créent *des fantômes* qui l'épouvantent, et qu'ils font grossir à mesure que le prince royal grandit.

On l'accoutume de bonne heure à repousser de lui, comme importuns, tous ceux qui pourraient éclairer sa religion.

Toutes les erreurs fomentées par la dépravation des cours des têtes couronnées, ne font qu'augmenter avec l'âge du prince royal, l'éloignent de l'étude, et le peu qu'on lui laisse voir ou apprendre; est si superficiel et dénaturé, qu'une fois qu'il a atteint la jeunesse, son imagination n'est qu'un tissu *d'idées confuses, fausses, et souvent d'imperfections et de vices.*

Voilà avec quel appareil plusieurs héritiers des couronnes montent sur le trône! Voilà des têtes couronnées auxquelles de grandes nations doivent porter *hommage et respect!*

Une tête couronnée est incapable de sentir la force d'un raisonnement, d'un conseil, encore moins de choisir ses conseillers; car ceux qui se trouvent investis de la confiance d'une tête couronnée, sont toujours les plus flatteurs, ceux qui fomentent ses goûts et ses passions.

Sous un tel prince, le mot *philosophie est un blasphême; l'hypocrisie, le fanatisme constituent la religion; les souffrances des peuples sont hyperboles; la misère, punition méritée; la prodigalité, ordre; la tyrannie, justice; la corruption, prévoyance; et le mérite et la science, chimères.*

La tête couronnée juge la nation par le luxe et par la basse soumission apparente de ceux qui ont le droit exclusif de l'entourer, et qui ne connaît encore de *ces êtres rampans et nuisibles,* que l'habit, le nom et les titres.

Doit-on s'étonner si, d'après les progrès de la

civilisation, des têtes couronnées ont perdu leur sceptre et la vie, si des dynasties ont été dispersées, si des monarchies ont disparu.

La lutte qui est engagée entre la barbarie et la civilisation, peut être longue : elle deviendra sanglante ; mais elle doit finir par renverser tous les trônes des têtes couronnées ; car les peuples sont seuls immortels, et ont pour guide le système de la nature : la divinité.

CHAPITRE IX.

De la légitimité, de l'inviolabilité et de la responsabilité.

Légitimité, inviolabilité.

Nous ne prétendons point pénétrer dans le dédale de législation qui régit différens corps politiques d'Europe. Nous ne cherchons qu'à suivre les progrès de la civilisation, qui simplifie et détermine la marche qui doit servir de base à l'ordre social, en harmonie avec l'ordre naturel.

Dans les monarchies, la légitimité, l'inviolabilité présentent des difficultés sans nombre, bien souvent nuisibles à la société, à cause de

l'interprétation que la politique de cour (étiquette) lui donne surtout pour le droit divin.

Quelque forme qu'ait un gouvernement , soit
monarchique ou républicain , soit constitutionnel , absolu et même théocrate , si le peuple est
administré sagement , qu'il n'ait d'*autre base que
la justice et l'économie* , qu'il ne se laisse point
influencer par des étrangers, par l'oligarchie,
par les courtisans et par des fourbes hypocrites,
la légitimité devient alors l'essence de ce gouvernement. L'inviolabilité en est la conséquence,
parce que tous les individus qui composent le
corps politique sont inviolables de droit. La LOI
seule peut suspendre l'inviolabilité individuelle,
si l'intérêt de la société l'exige.

Dans une république , la légitimité est dans la
nation, elle confère de droit le pouvoir pour un
temps déterminé à un citoyen qui devient le
point central de la nation ; et ce chef est toujours
légitime. *Il accepte la responsabilité et repousse
l'inviolabilité dans l'exercice de ses fonctions.*

Dans les monarchies, la dynastie régnante est
de droit usufruitière de la légitimité.

Les monarques exercent aussi de droit le pouvoir à vie qu'ils transmettent ensuite à leurs descendans, *acceptent encore de droit l'inviolabilité
en repoussant la responsabilité.*

Où est-il ce code social qui a établi les principes et a fixé les limites de la légitimité, de l'inviolabilité, si on repousse la responsabilité.... ? On nous répondra par le code des conquérans et la force.

Pour que la légitimité et l'inviolabilité pussent être hors d'atteinte, il faudrait que les princes ne fussent point des mortels sujets à toutes les vicissitudes humaines.

Cependant l'histoire fourmille de légitimités et d'inviolabilités qui furent détruites par des potentats très jaloux de leur propre légitimité; et tenant essentiellement à leur inviolabilité.

Combien de citoyens, sous l'égide de l'opinion publique, ont attaqué des inviolabilités et renversé des légitimités, et se sont encore élevés au rang des inviolables, et ont été de grands princes.

Sans remonter jusqu'à Jacques Ier., de nos jours même, que de trépas prématurés, malgré l'inviolabilité !

Paul n'a-t-il pas été victime de la jalousie et du vil intérêt qui domine les flibustiers?

Alexandre, d'une fausse politique ?

Le grand Gustave de Suède, pour avoir attaqué les institutions.

L'infortuné Louis XVI, pour avoir été séparé de son peuple.

Clément XIV (Ganganelli) n'a-t-il pas été
sacrifié à la tranquillité du monde entier pour
avoir supprimé la plus impie de toutes les con-
grégations religieuses, LES JÉSUITES, qui ne respectent ni les propriétés des peuples, ni la
légitimité, ni l'inviolabilité du souverain. Cette
ambitieuse et sanguinaire association se ranima
en 1792, et prit une consistance politique à la
restauration. Des gouvernemens faibles leur prêtent aujourd'hui aide et assistance, et font contribuer le peuple à accélérer leur puissance;
déjà ils dirigent le pouvoir, et leur devise est toujours la même :

Sint ut sunt, aut non sint.

N'est-ce pas un nouveau fléau et des plus ter-
ribles pour les légitimités et les inviolabilités, et
pour le corps politique, que de laisser pulluler
ces *très saints pères de la compagnie de Jésus*,
qui ont pour dogme religieux, que l'assassinat
d'un souverain, même en traître, est une œuvre
nécessaire, méritoire, que l'Être-Suprême récompense *par la gloire éternelle* ; et c'est d'a-
près ce principe infernal que tant de princes ont
été victimes de leur ambition, surtout lorsque ces
tartufes parviennent à entourer des têtes couronnées et à les séparer de la nation ; alors les
pieuses *exigences* n'ont plus de bornes. Que

leur importe de *précipiter le monarque dans la tombe* (1)!

Les souverains du continent de l'Europe ne sont-ils pas assez malheureux que le cabinet britannique soit le maître de disposer de toutes les légitimités, de toutes les inviolabilités européennes, si l'intérêt de la Grande-Bretagne l'exige !

---

(1) Clément XIV connaissait la puissance et l'esprit de vengeance qui caractérisent la congrégation de Loyola. Lorsqu'il signa la bulle de leur suppression, il dit : *Abbiamo sattoscritto la nostra sentenza di morte,* « Nous avons signé notre arrêt de mort. » Ganganelli se tenait sur ses gardes; et malgré les grandes précautions qu'il prenait, ce pape est mort empoisonné, et tout porte à croire que ce fut le jeudi-saint à la célébration solennelle de la messe.

A l'autel même le pontife présente au prélat, qui remplit les fonctions de gentilhomme de la bouche, une des deux hosties que S. S. tient entre ses doigts. Le prélat la prend, se tourne vers le public, la soulève pour la faire voir aux fidèles et la mange. S. S. lui présente ensuite le calice; le prélat le prend, et, *coram populo,* il met dedans un tube d'or, avec lequel il absorbe une portion du vin qui s'y trouve; mais cette fois-là, au lieu de l'absorber, il reflua dans le calice un poison lent et violent que contenait le tube, et remit le calice au pape, qui acheva la messe et but le poison.

L'on voit bien qu'il n'est pas facile d'échapper à la *fureur* de ces *charitables* pères jésuites !...

Les puissances sont trop *opiniâtrées* de leurs principes politiques à l'égard de la légitimité et de l'inviolabilité pour les mettre sous la sauvegarde de la civilisation. Elles ont pourtant un grand exemple en Gustave IV et sa dynastie. Ce souverain est encore aujourd'hui errant de royaume en royaume, *mendiant un asile à la politique.*

Si un gouvernement ne sait pas faire aimer et estimer le souverain, la légitimité et l'inviolabilité sont toujours en péril.

Il n'y a qu'une alliance bien étroite entre le souverain et le peuple qui puisse garantir ces deux forces prépondérantes; car il est de l'intérêt des peuples, inviolables de droit, lorsqu'ils sont bien administrés, de vouloir que la légitimité et l'inviolabilité du prince qui régit soient de droit et de fait; parce que c'est un rocher où vont se briser toutes les ambitions; alors le peuple, pour sa propre tranquillité, veillera sur celle du souverain, et personne n'osera la troubler, pas même les *jésuites*, pas même *le cabinet britannique.*

De la responsabilité.

La responsabilité fait partie de l'ordre naturel et constitue les liens de l'ordre social. Personne

ne peut se rendre indépendant de la responsabilité. Un individu voudrait-il se détacher de la
société, vivre errant dans les forêts, sur les plages,
il lui resterait encore une responsabilité vis-à-vis
de soi-même, pour le danger auquel il s'expose,
et celle d'avoir privé la société de ses bras, de
son intelligence. La même responsabilité est pour
celui qui tente le suicide; aucun individu ne peut
s'y soustraire, puisqu'elle est l'âme du corps
politique. Le mari, la femme, le père, le fils, le
maître, le domestique, le juge, le criminel, le
soldat, le colonel, le professeur, l'écolier, le
prince, le sujet, tous, sans exception, sont ga-
rans vis-à-vis les uns des autres. Les familles, les
bourgs, les villes, les nations, les empires, sont
également responsables à l'égard des autres familles, bourgs, villes, nations et empires.

Un souverain qui se trouve toujours placé au
sommet de la pyramide sociale avec pompe et
magnificence attire sur lui tous les regards, jouit
d'un grand entretien, peut disposer de ressources immenses; c'est sur lui que reposent les
destinées d'un grand peuple, et tout se faisant
au nom du prince, la prospérité de l'Etat influence nécessairement sur les autres nations.
Doit-il être dégagé de toute responsabilité? Une
telle doctrine ne peut que flatter des princes
ineptes, hypocrites ou mal intentionnés, où il

faudrait supposer qu'il pût exister pour le souverain un autre ordre naturel, un autre ordre
social.

Ceux qui ont un intérêt de tromper le prince
qui régit mettent en avant cette assertion banale :
« Qu'un roi ne peut être responsable, parce qu'il
» n'est pas Dieu pour tout voir, tout entendre et
» être partout ; les ministres, les fonctionnaires
» sont seuls responsables de l'exécution des lois,
» ordonnances, décisions, etc., etc. »

Mais si ces lois, ces ordonnances, ces décisions se trouvent enfantées à huis-clos dans le
cabinet du prince ou du ministre, ou même dis-
cutées dans un conseil ou dans une chambre *il-
légalement* constituée ; si elles ne sont pas favo-
rables à la grande masse qui compose le corps
politique, ou si elles blessent dans un ou plusieurs individus toute la nation, le roi peut-il
être exempt de responsabilité ?

Si ces lois, ces ordonnances, ne sont que
l'œuvre d'une faction pour alimenter la dilapidation des deniers publics, le fanatisme, les
vengeances, les désordres, la misère ; le roi qui
les ordonne ou les sanctionne doit-il être sans
responsabilité ?

S'il se trouve une fausse interprétation ou l'in-
fraction des lois existantes, ou la corruption, ou
la fraude, pour créer de nouvelles lois, ordon-

nances nuisibles au corps social, le roi pourra-
t-il les sanctionner sans encourir de responsabilité ?

Si des ministres, des fonctionnaires, des magistrats, des évêques, abusent de leur élévation
ou *gardent leurs places* et abandonnent leurs
fonctions pour s'installer à la cour, aux chambres et ailleurs, le souverain peut-il être étranger à la responsabilité ?

Qui nomme les ministres, les fonctionnaires ?
Le roi.

Qui doit les surveiller ? Le roi.

Qui a l'initiative des lois pour leur responsabilité ? Le roi.

Qui doit recevoir et faire droit aux justes réclamations du peuple ? Le roi.

Qui doit prévenir les causes de désordres, de
la misère, du crime ? Le roi.

Si le roi nomme des ministres, des fonctionnaires incapables de bien administrer, toute la
responsabilité ne doit-elle pas tomber de droit
sur le monarque (1) ?

Les égoïstes, ennemis des nations qui entourent le prince, ont beau forger des sophismes,

---

(1) Dans l'article *Ministres*, on traitera à fond de la
responsabilité.

faire des lois, employer la violence, pour décharger les monarques de la responsabilité; ils ne pourront jamais convaincre personne, et ne feront qu'ébranler les bases de la monarchie; car la responsabilité est la plus forte sauvegarde de la légitimité et de l'inviolabilité (1).

---

(1) Joseph II agissait d'après ce principe : « Un sou» verain est le premier magistrat de la nation, l'homme » de la nation, où vont se centraliser tous les intérêts du » corps politique. »

Il n'approuvait pas Louis XIV d'avoir dit : *Je suis l'état, je suis le gouvernement;* mais il devait dire : *Je suis la nation.*

Pour un tel prince, il existe une responsabilité physique, morale et obligatoire, d'exiger une responsabilité rigoureuse de tous les fonctionnaires, parce qu'ils ne sont que les délégués de la nation, quoique nommés par le monarque.

Ce prince philosophe n'aimait pas la constitution anglaise, parce qu'elle établit un gouvernement-puissance où le roi est un être indéterminé, n'étant pas responsable, où il existe une religion d'état, une chambre politique (des lords); par conséquent la liberté de conscience, la saine opposition, le pouvoir du prince, ont des bornes trop étroites pour faire le bien, et sont assez suffisantes pour occasionner des schismes dans la nation.

CHAPITRE X.

De la Souveraineté.

Young, dans un accès de mélancolie, a dit : *L'homme agit comme s'il était immortel.* Cet instinct de chaque individu de ne pas songer à sa fin est précisément ce qui maintient le monde dans un continuel printemps. Il suit le grand système de la rotation universelle , tout finit pour recommencer, et puis encore finir pour recommencer de nouveau.

Le sort des empires , des souverainetés, suit à-peu-près le même ordre; ils se grossissent par les conquêtes, se soutiennent par la crédulité, par la faiblesse partielle des peuples; et malgré leur puissance formidable, que nous reste-t-il de ces Mèdes, de ces Perses, de ces Romains, et de tant d'autres grandes nations ? Elles ont été détruites lorsque le même principe qui les avait élevées cessa d'exister. Ces grands peuples ont été conquis , divisés, épars, et sont devenus la proie de nouveaux empires, de nouvelles souverainetés, qui ont fini à leur tour, et d'autres ont recommencé et finiront encore.

Tout ce qui est créé porte en soi-même le germe de la dissolution; elle devient plus lente

4

si on répare les outrages du temps qui veut tout détruire.

D'après les progrès de la civilisation, qui simplifie journellement la marche politique de l'homme et qui le rapproche de l'ordre naturel de la divinité, l'on reconnaît que Dieu a donné à l'homme sans distinction une souveraineté sur toute la terre, mais qu'il n'a aucun privilége pour exercer une domination sur ses semblables; aussi les hommes commencent-ils à sentir qu'ils sont créés afin d'être soumis à l'empire des lois protectrices et permanentes, et non sous celui des hommes qui ne présentent aucune stabilité.

Si on contemple le grand système de la nature, on y remarque fixité de principes et unité de législation.

Si on considère les bases de l'ordre social, on les trouve renfermées dans une charte qui a fixité de principes, unité de législation (les Tables de Moïse), qui attachent l'homme à son Créateur et et qui consolident la prospérité publique.

Si on examine la conduite de l'homme social, il a un but fixe et réclame unité de législation.

En partant toujours du même principe, relativement à la différence entre le Roi et ceux qui sont simplement têtes couronnées, ces dernières ne peuvent être trompées que par d'avides

courtisans qui, par des raisonnemens métaphy-
siques, cherchent à les flatter en leur faisant
croire qu'elles sont en contact avec la divinité.
Il ne faut pas s'étonner si des princes très bornés
se persuadent que le pouvoir qu'ils exercent leur
vient du ciel.

Ce serait une raison de plus de suivre le grand
système de la nature, de l'ordre social, de l'homme, d'avoir fixité de principes et unité de législation. Non, ils ne veulent admettre ni l'un ni l'autre.
Leurs gouvernemens n'ont plus de bases, et ils
sont contraints d'adopter un nouveau système de
bascule, tantôt fier et insolent, tantôt bas et ram-
pant; et les princes, les gouvernemens s'éton-
nent que des maux de toute espèce accablent la
pauvre humanité, que des mécontens puissent
se trouver dans leurs états, que les symptômes
de révolution augmentent chaque jour, et que
les vues ambitieuses des puissances étrangères
l'alimentent constamment.

Nous pensons que ce sont des principes trop
importans dont les princes héréditaires doivent
être éclairés, pour les passer sous silence.

Si le pouvoir du prince était d'institution divine, le souverain pourrait-il s'en dessaisir? Il
faudrait aussi croire que Dieu en aurait créé de
plusieurs espèces, parce qu'il y a des souverains
qui l'exercent avec modération et d'autres qui

en abusent. Il se trouve des princes pour qui l'amour des peuples est gravé dans la nation, et d'autres qui ont été accablés par le mépris, la haine, et même qui ont terminé leur carrière tragiquement.

En admettant ce principe céleste, et en examinant le bien et le mal occasionnés par la gravitation du pouvoir, on serait tenté de faire ce dilemme :

Dieu, en créant des souverains, a-t-il voulu mettre sur la terre un bienfait ou un fléau de plus ?

Si nous consultons sur ce point l'Ecriture-Sainte, nous trouvons qu'elle fait autorité, lorsque le peuple hébreu, le *peuple du Seigneur*, a dit : « *Volumus regem*, nous voulons un roi. » Les prophètes, qui portent directement la parole de Dieu, prédirent à la nation juive que le fléau était les rois *absolus*.

Un illustre écrivain fit à ce sujet une bien judicieuse réflexion : « Que l'auteur de la nature » n'admettait pas en principe le pouvoir absolu, » parce que la monarchie constitutionnelle était » alors inconnue. » En conséquence, Dieu, qui a établi le principe d'égalité, n'a pu centraliser une domination spéciale.

Voyons si le pouvoir illimité des princes peut être de l'essence de l'ordre social.

Les hommes réunis en société, en admettant ou proclamant un roi, *ont-ils voulu se donner un conseil, un guide, un protecteur, ou un chef nul, ou impie, ou tyran ?*

C'est un blasphême politique et religieux de croire que l'institution du pouvoir royal découle de l'ordre naturel et de l'ordre social.

Voltaire a décidé la question en disant :

« Le premier qui fut roi fut un soldat heureux. »

Quelquefois le grand philosophe était courtisan. Il a dit *soldat* pour ne pas avouer le mot technique *brigand*, pour qui on a enfanté le grand mot *conquérant.* Ce sont ces grands brigands qui, par leurs exploits, ont occasionné tant de maux aux peuples, maux rapportés par des historiens qui ont compilé des milliers de volumes. Aussi est-ce pour cela qu'un philosophe s'est écrié avec raison :

« Si on connaissait un conquérant en venant au » monde, il faudrait l'étouffer au berceau.

Par le droit de la force, le conquérant est déclaré maître de tout le pays conquis pour lui et ses descendans. Il fait le partage des terres en faveur des ambitieux qui ont aidé Sa Majesté à faire la conquête ; ceux-ci deviennent les grands de la cour du maître, et les pauvres peuples dé-

possédés ne sont plus que les esclaves des petits
tyrans subalternes qui doivent vivre aux dépens
de la classe laborieuse.

Que de souverains, qui se trouvent bien éloignés d'*être conquérans*, et appuyés seulement
par une force collective, autorisent *des paladins
qui tremblent à la chute d'une feuille* de se partager les dépouilles des peuples qu'ils réduisent
à la misère!

La souveraineté, émanant du pouvoir, n'a d'autre origine que la force, d'autre légitimité que
la force, d'autre appui qu'une force factice.

Lorsque la souveraineté n'est que la centralisation du pouvoir, son origine découle de l'ordre naturel, sa légitimité de l'ordre social, et la
nation fait sa force.

La civilisation n'a pas encore pénétré dans
les palais des monarques pour qu'ils puissent
comprendre que c'est par le concours de toute
la nation que la souveraineté est constituée; mais
un prince qui, depuis sa naissance, n'a jamais
entendu que répéter *qu'il est le tout*, finit par le
croire, parce qu'il ne voit jamais l'homme tel
que l'ont formé l'ordre social, la civilisation.
Tout ce qui les entoure journellement est si petit, si bas, si changeant, qu'il serait impossible
d'en donner une juste idée à ceux qui n'ont pas
fréquenté les palais des souverains.

Les paroles, les gestes, l'habillement, le sou-
rire, la contorsion, le regard, le maintien, la
marche, la manière de s'incliner, varient à la mi-
nute à la cour, selon l'*inflexion* morale et physique du prince.

C'est à la cour qu'il y a réellement abnégation
de soi même; mais ne croyez pas que ce soit
de cette abnégation de l'Évangile dont fait men-
tion Thomas de Kempis !

En comparant l'histoire ancienne et moderne
et ce qui se passe depuis un demi-siècle, on voit
qu'à mesure que la civilisation et les lumières
font des progrès, l'influence des cours sur les
nations diminue avec une égale rapidité.

Malgré toutes les précautions mises en œuvre
par les dépositaires du pouvoir, pour empêcher
les princes de voir par eux-mêmes la véritable
situation des peuples, malgré la flatterie rassu-
rante des courtisans, des souverains sentent
qu'il existe une force majeure secrète qui entrave
leur pouvoir, et, faute d'énergie et de connaissances, sont malgré eux obligés d'en convenir et
de craindre.

Le malheur veut que des rois, des dynasties,
prêtent l'oreille à des courtisans qui leur font
croire que pour se ressaisir de cette influence indispensable à la souveraineté, il faut s'appuyer
exclusivement sur la noblesse, sur les fonction-

naires, sur le haut clergé, sur la police, sur la force.

Un tel prince est sûr qu'il élève une barrière insurmontable entre lui et la nation. Un tel prince est assuré d'être trompé; il se perdra, on le perdra. Ces vils flatteurs l'abandonneront si un danger politique se présente; ils accéléreront même sa chute pour s'incliner plus vite à un soleil naissant; car c'est toujours l'intérêt du moment et non l'avenir qui fait agir les privilégiés et les hypocrites.

Qu'importe aux courtisans d'accumuler des orages qui amènent les révolutions pour détruire les dynasties ?

Parmi des milliers de princes qui ont perdu leur sceptre, qui ont été bannis, emprisonnés, massacrés, et les dynasties dispersées, peut-on en citer un seul qui ne se soit bercé d'une entière sécurité?

Quel livre intéressant et instructif que celui qui renfermerait la récapitulation et les causes des maux qui ont accablé tant de princes souverains, dont peut-être les augustes descendans végètent et mendient leur pain dans les contrées même où leurs ancêtres ont ceint le diadême!

Un tel livre devrait être la lecture favorite des souverains et des héritiers des couronnes. Ce fut elle qui forma le cœur de Joseph II;

mais un pareil ouvrage serait trop triste pour les princes, et mis à l'index comme immoral, irré-ligieux, révolutionnaire.

Il n'y a que les grands intérêts des nations qui puissent mettre à l'abri d'une catastrophe un prince, une dynastie.

Les princes craignent les révolutions, et ce sont ceux qui les entourent qui les forgent. Il n'est pas de l'intérêt des peuples de troubler l'ordre; au contraire, ils demandent à être tran-quilles, bien administrés; ils veulent que la jus-tice et l'économie soient la seule base, le seul dogme de la souveraineté, le seul soutien des trônes et des dynasties.

Les peuples considèrent que roi, empereur, pape, doge, prince, président, consul, ne sont jamais que les premiers magistrats, qui ne peu-vent être ni bons, ni saints, ni partiaux. La bonté, la sainteté, la partialité, sont des faiblesses toujours dangereuses, quelquefois criminelles, qui dégradent le premier magistrat, qui doit être juste; et il ne deviendra réellement reli-gieux que lorsqu'il sera le premier observateur des lois.

Néron disait aussi : *Crois-tu que les lois con-tre les empoisonneurs puissent m'atteindre ?* Quelle fin a-t-il fait!

Les courtisans considèrent les crimes des têtes

couronnées comme des faiblesses; mais aujourd'hui les peuples regardent les faiblesses des princes comme des crimes. L'art de régner devient tous les jours plus difficile pour les souverains qui veulent s'écarter des principes qui régissent l'ordre naturel et l'ordre social.

Nous ne cesserons de le répéter, il n'y a que pr deux manières de gouverner; il ne peut pas exister un système de bascule. Un gouvernement quelconque doit avoir un but fixe, unité de législation, et la centralisation du pouvoir dans le premier magistrat, qui doit être sujet de l'empire des lois, et qui ne doit avoir en vue que l'intérêt de la nation.

Le cabinet britannique donne une grande leçon à toutes les souverainetés européennes. Ce sont les intérêts de la Grande-Bretagne qui tiennent en échec l'échafaudage de la Sainte-Alliance; et il ne faut qu'un *fiat* de ce cabinet pour faire écrouler, non seulement l'échafaudage, mais encore pour renverser des princes et des souverainetés, toujours si l'intérêt de la Grande-Bretagne l'exige.

Quelle page pour l'histoire! Toutes les souverainetés tributaires de la compagnie marchande anglaise! Nous le demandons, révoquera-t-on en doute que tous les souverains de la Sainte-Alliance ne soient forcés de s'arrêter aux limites que veulent bien leur fixer les agens du cabinet britannique?

L'oligarchie, le haut clergé, les fonctionnaires du continent d'Europe, constituent toute la force de la monarchie républicaine anglaise, et décèlent toute la faiblesse des souverainetés européennes.

On sait que la raison et la philosophie finissent toujours par triompher : peut-être, un peu tard, des princes achèveront-ils de se convaincre que la lutte qui existe n'est pas la guerre des philosophes contre le trône, mais celle des hypocrites, des fourbes, des courtisans, contre les peuples.

En Europe, des gouvernemens ayant cessé d'être administrateurs, se sont constitués puissance. Ils ont élevé une barrière plus ou moins grande entre les trônes et les nations pour exploiter la souveraineté à leur profit.

Les peuples cherchent par un droit naturel à s'affranchir d'un joug plus ou moins humiliant, et se laisseront entraîner par un homme hardi qui saura profiter du mécontentement du corps politique, de la faiblesse des têtes couronnées, et détruira encore plus d'une souveraineté.

CHAPITRE XI.

De la noblesse héréditaire et des grands de la cour.

Dans l'intérêt des monarques, des peuples, et pour l'instruction des princes, nous allons soumettre à la méditation des hommes d'état, des vues sur la noblesse héréditaire.

Le vice radical que nous voulons combattre, et les remèdes que nous cherchons à y adapter, ne sont point applicables à l'Angleterre, qui ne fait pas un corps compact entre le trône et la nation.

En Angleterre, la noblesse héréditaire est un corps productif; elle est commerçante et fait cause commune avec tout ce qui compose la nation dominante (l'aristocratie), qui comprend depuis le lord jusqu'au petit fabricant. La nation anglaise est de fait une république aristocratique; ils sont tous unis, afin que le clergé et les courtisans qui forment le parti We......, à l'ombre de la Sainte-Alliance, n'empiétent pas sur le droit de la république, et n'entravent pas les intérêts, qui sont la propriété de cette aristocratie républicaine, dont fait partie la plus grande masse de la noblesse héréditaire.

On ne doit pas confondre la marche politique de la noblesse anglaise, qui est productive, avec celle héréditaire du continent d'Europe, qui, considérée en masse, est un corps destructif.

D'après les progrès des lumières, une des causes majeures, qui maintient un mécontentement et un malaise dans plusieurs contrées d'Europe, et qui doit aider et même accélérer une révolution, est cette partialité et cette condescendance que des princes faibles ont pour la noblesse, surtout lorsqu'elle vante les trente-six quartiers.

La noblesse héréditaire, pour augmenter ses cliens et son influence, fait cause commune avec le haut clergé, dont la majeure partie tient à la caste noble : elle tend toujours à entourer le prince, pour être la première à profiter des bienfaits du souverain, ou tirer parti de ses faiblesses, de ses sottises, et couper toute communication directe entre le roi et son peuple.

La noblesse héréditaire se met même au rang des dynasties royales; sa suprématie doit être aussi héréditaire; elle veut de plus que sa prépondérance augmente par l'éloignement des générations nobles.

La noblesse héréditaire en masse, isole les princes, tyrannise les peuples et veut abattre, exclure, anéantir la véritable noblesse, qui est le mérite personnel, qui ne peut se transmettre aux descendans que par admiration ou tradition.

Léopold, grand duc de Toscane, qui, à la mort de Joseph II, fut empereur d'Autriche, fatigué des demandes, des réclamations et de la morgue de la noblesse, fit frapper des pièces de monnaie, qui portaient cette légende :

Sola virtus, vera nobilitas.

On sent bien que Léopold a voulu parler des vertus civiques ; d'après cette détermination d'un prince souverain et éclairé, près de qui le plus obscur de ses sujets avait accès, sans recourir au maître de cérémonie, au gentilhomme de la chambre, toutes les noblesses purement nominales et héréditaires doivent être anéanties.

Le descendant d'une noblesse, serait-elle acquise en origine par le mérite ou prodiguée par la bonté du prince, ou achetée par de l'argent, par des bassesses ou des lâchetés, ne doit être considérée dans l'ordre social, que comme une monnaie hors de cours, de mauvais alliage ou fausse, qui ne peut pas être en circulation, lorsqu'il en existe de la bonne, frappée au coin du mérite personnel, dont le titre est intrinsèque.

Les actions des grands hommes nobilitent la patrie, parce que tout citoyen se doit à la patrie, et que c'est encore la patrie qui fournit les moyens de se nobiliter.

Toutes les contrées du monde ont leurs nobles,

parce que partout l'homme peut rendre à la
société des services éminens, et en rend en effet.

La France a été ennoblie par Sully, le cardinal de Richelieu, Corneille, Condé, d'Agues-
seau, L'Hôpital, Fénélon, Molière, Colbert,
Voltaire, Rousseau, Racine, Montesquieu, Buffon,
Lagrange, David, d'Alembert, Châteaubriand,
Merlin, Arnault, Chaussier, Villemain, Jou-
bert, Carnot, Lavoisier, et bien d'autres, qui
tous ont concouru à nobiliter leur patrie.

Les parchemins vermoulus, ou les chroniques
des cours, ne peuvent pas donner un lustre
éclatant à une nation, mais seulement les vrais
talens et les grandes actions des membres qui la
composent; et c'est la patrie seule qui hérite des
titres de leur noblesse.

Indépendamment des maux que la noblesse
héréditaire occasionne au corps politique, il
existe encore un autre motif puissant qui trou-
blera pour long-temps la tranquillité en France;
c'est celui d'avoir réhabilité l'ancienne noblesse
et reconnu la nouvelle; la première regarde
celle-ci comme bâtarde, ne laisse échapper aucune occasion pour la baffouer, la dénigrer,
l'avilir, et à la cour prétend avoir le pas sur la
noblesse qu'elle appelle *révolutionnaire*, malgré que les titres de cette nouvelle noblesse doivent être bien légitimes, ayant été acquis par le

mérite, par la science, par la valeur et pour
avoir rendu bien des services éminens à la patrie; celle-ci regarde l'ancienne noblesse comme
intruse, parce que dans les derniers temps elle
n'a rien fait pour le bien-être de la nation,
qu'elle n'a pas voulu venir au secours des besoins
de l'État, qu'elle s'est toujours opposée aux institutions, si nécessaires à la France, qu'elle a
abandonné l'infortuné Louis XVI, et qu'elle s'est
en partie coalisée avec les ennemis de la France.

Au point où est arrivée la civilisation, quelle
que soit la forme d'un gouvernement, c'est une
grande faute en politique administrative de con-
tinuer à créer des nobles héréditaires.

Plus un souverain élève les grands, plus il
devient petit; plus il se dépouille de son autorité, plus il se met dans l'impossibilité d'approcher de son peuple. L'héritier noble croit ne rien
devoir au monarque; il ne voit que son indépendance dans la caste nobilière, qui a un intérêt direct à paralyser le trône pour empiéter
sur la nation.

Nous ne cesserons de le répéter, la noblesse
héréditaire est un des plus grands obstacles à la
prospérité des états.

La noblesse et le haut clergé, formant un
corps destructif, ne veulent pas s'alimenter seulement de leurs propres ressources; mais il leur

faut un superflu, et ils n'ont d'autres moyens de se le procurer que *sur le strict nécessaire du peuple*.

Voilà une des grandes raisons pour laquelle l'éducation des princes est restée stationnaire, et pourquoi il existe encore des nobles héréditaires, car c'est la noblesse et le haut clergé qui leur donnent cette éducation fausse, et qui forment au prince une conscience erronée; et l'homme n'est toujours que l'homme de son éducation.

Un courtisan, en lisant ces notes, nous dira : Qu'est-ce qu'un trône qui n'est pas entouré de la noblesse? C'est pire qu'une république démocratique; il faut de la représentation qui en impose au peuple, qui l'éblouisse! On pourrait lui répondre : Tous les jours les peuples sont tourmentés même à deux cents lieues, pour subvenir à cette représentation, à cet éblouissement; ils pourraient s'en passer. Mais quel est le jour que les citoyens sont admis à voir le souverain sur le trône avec tout son entourage? ne sont-ce pas plutôt les belles qualités du prince qui doivent faire éclater la splendeur du diadême?... Et s'il n'en a pas?... c'est donc la noblesse qui doit suppléer aux défauts du monarque?

Si la noblesse est indispensable à la nation pour contribuer à la grandeur de la royauté,

5

pourquoi, dans une monarchie, le corps politique n'a-t-il pas même le droit de demander au souverain des lettres-patentes pour ses concitoyens qui se seront illustrés; il faut qu'elle reconnaisse pour nobles et grands dignitaires, et au premier rang, la domesticité; ceux que l'ordre social considère comme la dernière caste, parce que ce sont des êtres qui renoncent à leur liberté pour de l'argent, *des esclaves salariés*.

N'est-ce pas une honte pour la nation et un avilissement pour la royauté de voir, dans les jours de grande réception, Sa Majesté entourée de ceux qu'on appelle *grands officiers de la couronne*, tels que le grand-chambellan, le grand-fauconnier, le grand-cavalcadour, le grand-veneur, le grand-maître de la garde-robe, le grand-maître d'hôtel, le grand-aumônier, le grand-maître de cérémonies, le grand-menin; on ne finirait pas si l'on voulait faire la nomenclature de tous les *grands* qui exercent la *domesticité* près de l'*homme* : ils ne sont d'aucune utilité au roi, à l'État; au contraire, ils deviennent très-nuisibles à l'un et à l'autre, car ils absorbent des sommes immenses.

On devrait voir figurer auprès du souverain le grand jurisconsulte, le grand physicien, le grand littérateur, le grand agronome, le grand chimiste, le grand fabricant, le grand artiste, le

grand orateur, etc., et une foule d'autres que
l'ordre social nomme grands en première ligne
sans faire une fausse application, parce que dans
leur grandeur ils savent lire, écrire, comprendre,
agir, et rendent à peu de frais, et même volon-
tairement, des services éminens à la royauté.

On pourrait encore nobiliter le portefeuille
d'un ministre, le fauteuil d'un magistrat, d'un
fonctionnaire; la toge d'un juge, d'un avocat,
d'un docteur; l'épée d'un militaire; le gouvernail
d'un marin; le comptoir d'un négociant; le pinceau et le ciseau d'un artiste; la plume d'un écrivain; l'outil d'un fabricant. Voilà de la noblesse
frappée au bon coin et d'un titre intrinsèque.

Un trône entouré de tels grands, d'une telle
noblesse, sera des plus radieux; il ne craindra
pas les sociétés secrètes, les conspirateurs, les
révolutions; il n'aura pas besoin de gendarmes,
ni d'une police insidieuse, de mouchards provocateurs, pas même de l'autel, des jésuites; mais il
faudra aussi que les titres de *duc*, de *prince*, de
comte, de *baron*, de *chevalier*, s'arrêtent sur la
tombe du titulaire. Toutes les générations verront
éclore une nouvelle noblesse; l'émulation excitera
les descendans à se nobiliter par leurs propres
actions, et la monarchie ne pourra que prospérer.

A mesure que la civilisation fait des progrès et
dissipe cette illusion que produisait autrefois un

5.

grand titre, le faste, un cordon, un ruban, un
bonnet rond, carré ou pointu, une grande per-
ruque poudrée ou musquée, une épée, quelques
broderies, des talons rouges, quelques grands
mots vides de sens ou trompeurs; tous ces titres
et toutes ces marques extérieures qui, alors, im-
posaient le respect à l'homme ignare et crédule,
aujourd'hui n'étant pas accompagnés par le mérite personnel, ne deviennent que des objets qui
mettent ces nobles en évidence, et exposent
l'homme qui en est investi au mépris, à la risée
et à la haine.

Que de titres qui ont d'abord mérité la considération publique, et ont ensuite été avilis par
des descendans indignes d'en avoir hérité à cause
des bassesses qu'ils commettent journellement,
et que l'on voit même sur le banc des accusés
pour des crimes qui déshonorent l'espèce humaine; et, quoique toute action doive être individuelle, n'est-il pas pénible, à la vue de *certain*
prince, duc, dignitaire, marquis, comte, baron,
chevalier, ministre, fonctionnaire, évêque, qui
portent le vice en évidence, entendre le peuple
se réjouir en disant : « Voilà ce prince, ce
noble.... » Ici notre plume se refuse à répéter les
quolibets, les sarcasmes, les satires qui passent
de bouche en bouche, étendent le blâme et dé-
considèrent toute la caste, malgré qu'il existe

encore des nobles qui font revivre les vertus civiques de leurs ancêtres.

L'homme qui se nobilite soi-même ne se dés-
honore jamais.

CHAPITRE XII.

Gouvernement.

Il est indispensable de faire connaître à l'héritier de la couronne que de tous temps il a
existé des citoyens qui ont eu un intérêt direct
à confondre les hommes et les choses, et on ne
doit pas s'étonner que ceux qui veulent exercer
le pouvoir à leur profit, aient tellement dénaturé le sens du mot *gouvernement*, qu'il soit
devenu si indéterminé qu'on ne sait plus comment l'appliquer.

Des magistrats même ont soutenu en thèse *le
gouvernement du roi* sans le définir. On a pour-
suivi, jugé, condamné des écrivains pour attentat contre le gouvernement du roi sans les déterminer.

A-t-on voulu entendre attentat à la personne
du roi, ou une contestation à la centralisation
du pouvoir dans le chef de l'État, ou de s'être
arrogé de contester une extension non reconnue

par la loi à cette centralisation, pour avoir encore résisté à une volonté illimitée et indépendante du souverain inviolable et non responsable ?

A-t-on voulu interpréter par gouvernement du roi, d'avoir attaqué les actes légaux ou illégaux des ministres, des fonctionnaires, des gendarmes, des sbires, de la maréchaussée, des agens de police, des vils mouchards, ou d'avoir cherché à éluder leur puissance usurpée.

Nous croyons que tout pouvoir a des limites, et c'est la loi qui en fixe les bornes; en conséquence, c'est la loi qui est le *gouvernement*. Là où il n'y a plus de bornes au pouvoir, alors, *sine lege vagatur*, il n'y a plus de gouvernement.

Le roi, étant l'homme de la nation, obligé de surveiller l'administration, ne peut être le chef du gouvernement, et ne peut pas se constituer *gouvernement;* alors il n'existerait plus de centralisation de pouvoir, la nation serait sans chef et sans représentant.

Tous les fonctionnaires, *sans distinction*, ne sont que les agens, que les délégués de l'État. Si les hommes pouvaient constituer le gouvernement, ce ne seraient jamais ni les rois, ni les ministres; il appartiendrait à la hiérarchie judiciaire *indispensable*, parce qu'elle est la gardienne de la puissance législative qui seule doit gouverner.

L'empereur Frédéric II a dit : « Le législa-
» teur est père, fils et sujet de la loi ; père, pour
» l'avoir créée, fils, parce qu'il doit respecter
» l'œuvre du père, sujet, parce que la loi pro-
» mulguée, c'est elle qui est souveraine. »

D'après ce principe, ce sont les lois *gouverna-
tives* qui constituent le gouvernement ; elles ne doivent avoir d'autre but que la conservation de la vie, des propriétés des citoyens, et de tout ce qui peut concourir au bien-être de la nation.

On a introduit le mot gouverner ; ainsi on dit un père de famille gouverne bien sa maison, une servante la basse-cour ; un marin le vaisseau ; un capitaine une province subjuguée par la force. Mais ici le mot gouverner signifie *indépendance totale* du chef qui ordonne vu les besoins, l'ur-gence.

Une nation qui a des lois organiques, des tribunaux dépositaires de ces lois, ne peut pas être gouvernée comme une basse-cour, un vais-seau, un pays conquis ; elle ne peut être qu'*ad-
ministrée* d'après les lois qui seules doivent gou-verner ; il ne peut exister aucun crime ou délit contre le gouvernement, que l'attentat contre les lois organiques.

Encore, les lois étant l'œuvre des hommes,

sont-elles susceptibles d'améliorations. Tout citoyen a une obligation religieuse de relever les
fautes, les erreurs, les lacunes qui peuvent s'être
glissées dans la formation des lois.

Les pères de famille furent les législateurs des
premiers âges. L'amour paternel dirigeait leur
pouvoir, et les enfans, quoique adultes, respec-
taient la suprématie de leurs pères.

Plusieurs familles s'étant accrues et rassem-
blées, et ayant commencé à constituer une société, sentirent un besoin de se *donner* des conventions sociales. Les *seniores populi* (les anciens de la tribu) furent les pères de famille ; ils
devinrent dépositaires de ces conventions et di-
rigèrent les peuplades. Voilà l'origine des lois
gouvernatives.

Tous ces pactes sociaux n'étaient que ver-
baux : rien n'était écrit ; mais à mesure que les
populations ont prospéré et se sont agrandies,
elles ont dû sentir la nécessité de les fixer par
des signes, afin que ces conventions eussent une
force obligatoire : ce qui a fait faire la découverte des caractères ainsi que de tout autre
moyen qu'on a pu mettre en usage pour fixer la
parole.

La découverte de l'écriture fut fatale à bien
des peuples, qui, faute de communication avec
d'autres plus éclairés, furent la dupe des fourbes

qui firent usage de ces signes, et pour les rendre plus inintelligibles, ils composèrent des hiéroglyphes, des simulacres informes afin de tromper la simplicité de ces peuples à qui ils faisaient croire qu'ils étaient les organes de la divinité pour exprimer sa volonté suprême.

Ces hypocrites, par ces moyens astucieux, parvinrent encore à leur persuader qu'eux seuls avaient le pouvoir de déchiffrer ces caractères. Voilà comme se sont établis, dans plusieurs contrées, les intermédiaires entre Dieu et l'homme, l'origine des mystères, la puissance sacerdotale et les gouvernemens théocratiques.

Si des hommes ont abusé de la crédulité des peuples, d'autres se sont servis de ces signes pour accélérer la marche de la civilisation.

Tel fut le grand législateur Moïse qui parvint à arracher le peuple juif de la tyrannie égyptienne. Ce grand politique pouvant exercer le pouvoir suprême sur cette nation, sentit la nécessité d'établir les bases d'un gouvernement qui eût fixité de principes par des *lois écrites;* et comme le peuple juif, abruti par l'*esclavage*, ne pouvait pas *concourir* à la formation de la charte fondamentale, Moïse ne voulut point se déclarer l'auteur des tables du testament; et pour qu'elles eussent force de loi, il les présenta au peuple hébreux, comme étant émanées de la divinité.

Ce grand législateur avait raison : ce sont ces tables qui ont toujours régi et régiront toujours l'ordre social qui découle de l'ordre naturel de la divinité, la seule Charte qui puisse faire le bonheur de tous les peuples.

La loi qui gouverne est toujours légitime lorsqu'elle protège les grands intérêts de la nation, et cesse de l'être si elle devient partielle ou hypocrite. Dans l'état où se trouve la société, il est impossible que les lois puissent être dans l'intérêt de tout le monde : ceux qui se croient lésés cherchent à les dénigrer et à y amener un changement pour s'y soustraire. La réussite dépend de la force numérique des mécontens.

Le malaise de toutes les corporations sociales n'est pas toujours occasionné par des lois, mais de leur application ou fausse interprétation.

Aujourd'hui le thermomètre de la puissance des lois, de la prospérité et de la décadence des empires ne doit pas se placer à la cour ou sur tous les objets qui éblouissent les yeux et qui trompent une imagination superficielle. Il faut mettre le thermomètre politique dans les hôpitaux, aux tribunaux, dans les prisons, aux comités de bienfaisance, au milieu des mendians, de la prostitution et de ces maladies produites par la misère et le manque de nécessaire, et enfin par tant d'autres maux dont le corps politique se trouve affligé.

Le progrès des lumières et la marche de la civilisation n'ont d'autre but que de réclamer des lois qui facilitent les moyens de diminuer les grands maux qui accablent les nations.

Les peuples sont forcés de réclamer à leur administration les bases de l'ordre social, qui sont le travail, la justice sans exception, la jouissance de la propriété et l'amélioration des mœurs.

Nous sommes obligés, malgré la saine raison, d'appeler *gouvernement* ces administrations qui se sont constituées en puissances qui ne veulent point administrer, mais qui gouvernent plus ou moins en opposition aux progrès de la civilisation et aux principes qui doivent régir le corps politique.

Des gouvernemens appuyés par une force collective, devenus puissances, protègent l'oisiveté, et se servent, quand il leur convient, de l'ordre judiciaire comme un instrument d'oppression (1). Ils arrachent avec violence le fruit de l'homme

---

(1) Un empereur disait : « J'ai des magistrats pour faire poursuivre, des juges pour faire condamner...... » Quel fin a-t-il fait ! ! !...

laborieux, le denier de la veuve, le pain de l'or-
phelin ; et non seulement couvrent de leur égide
tout ce qui peut contribuer à la démoralisation du
peuple, mais encore ils y prennent avec audace
une part active, et en font le monopole; ils créent
des délits, rêvent des crimes pour pouvoir à
leur aise dépouiller les citoyens de leurs biens,
de leur liberté, de leur vie : pour les gouvernemens *vampires* tout est bien, tout est légitime,
hormis le bien-être des nations.

Les gouvernemens puissances s'établissent toujours sous le règne d'un prince faible, hypocrite
ou despote, à qui l'on fait croire que le *valoir*
est une prérogative inamovible du *pouvoir.*
Ce souverain confie sans discernement les rênes
de l'État à ceux qui peuvent flatter ses plaisirs,
ses goûts et ses volontés.

Dans ce cas l'administration ne pourra être
remplacée que par une puissance spoliatrice
qu'on appelle *gouvernement;* il n'a d'autre
moyen pour maintenir précairement le pouvoir
que de diviser la nation ; et, à cet effet, il soulève
et nourrit les opinions politiques et religieuses,
les aigrit par des mesures acerbes, absurdes,
subversives, et par des poursuites injustes, sales,
dégoûtantes, toujours impolitiques ; le gouvernement ébranle la monarchie, et finit toujours par
attirer le mépris et la haine sur les chefs de l'État;

et bien plus encore, il fait proclamer juridique-
ment, par tout le royaume et à l'étranger, que le
roi n'est point aimé, qu'il est inhabile à régir,
que la nation désire un changement politique.

Les gouvernemens puissances sont forcés
de craindre; ils savent qu'ils n'ont rien à espérer
d'un peuple opprimé, qu'au contraire il cherche
à secouer un joug humiliant; ils sont obligés
d'avoir recours à la violence, à la prodigalité, à
la corruption; ils soldent des magistrats et créent
une force mercenaire pour se faire craindre.

Le nombre des craintifs augmente; les mêmes
craintes épouvantent les gouvernemens qui mul-
tiplient les mécontens, et parmi eux on ne manque
pas de rencontrer un homme hardi, un fana-
tique, un fou. Les monarques par-là deviennent
toujours les premières victimes.

Jacques, Paul, Louis, Gustave, Iturbide,
Christophe, Napoléon, Alexandre, sortez de la
tombe!... parlez?... Princes héréditaires, écou-
tez! ils ont ceint le diadême.

CHAPITRE XIII.

Coups d'état.

GÉNÉRALEMENT toutes les nations parcourent cinq périodes : principe, amélioration, prospérité, décadence et fin. Telle est la destinée de ce qu'enfante l'homme qui porte en soi-même le germe de la destruction ; il n'y a que l'œuvre de la divinité qui est indestructible, parce qu'elle se trouve toujours égale.

Dans toutes les familles, dans toutes les sociétés, chez tous les peuples et dans tous les empires, il se glisse toujours avec le temps des abus qui ralentissent la marche administrative, qui affaiblissent l'action des lois et la paralysent ; le malaise du corps politique augmente en proportion, le désordre s'y met, et finit par faire crouler l'édifice social.

Les législateurs peuvent trouver de grandes ressources chez tous les peuples pour réparer, conserver, améliorer le bien-être d'une nation et la rendre florissante.

Ils doivent être pénétrés que tous les maux que souffre un corps politique sont constamment occasionnés par le gouvernement ; ils doi-

vent ramener par des coups d'état l'administration à ses vrais principes.

Lorsque les circonstances favorisent et exigent
un coup d'état, on ne peut avoir en vue que les
grands intérêts de la nation, car, si ce n'était que
pour créer ou maintenir des intérêts particuliers,
ce ne seraient plus des *coups d'état*, mais l'on
pourrait dire avec assurance des *coups à l'état ;*
et toutes les chutes des gouvernemens, des monarchies, la mort prématurée des princes, la dis-
persion des dynasties et toutes les révolutions
sont toujours produites pour avoir multiplié les
coups à l'état.

Le prince qui veut faire cesser les coups à
l'état doit rechercher la cause primitive à laquelle se rattachent tous les obstacles qui s'opposent au bien-être de la nation, et qui occasionnent le malaise, la gêne, la misère du peuple ;
alors il peut frapper un coup d'état sur son origine, et il sera assuré d'avance de la réussite s'il
est dans l'intérêt du peuple.

Le premier coup porté, tous les autres abus se
trouveront ébranlés, et ce n'est plus qu'un jeu
pour les déraciner.

Tel fut le coup d'état porté par Pierre-le-
Grand lorsqu'il fit tomber la tête de son fils,
héritier de la couronne, parce qu'elle était de-
venue le point central de l'insubordination des

Boyards et de l'insolence effrénée des Strélitz.
Cette tête, tombée sous le glaive, fut la pierre
fondamentale de la grandeur de la Russie!

Joseph II, contrarié par la cour de Rome, à
laquelle *tous les moyens sont bons pour s'oppo-*
ser à la réforme de la discipline ecclésiastique,
réforme indispensable pour la tranquillité et la
prospérité des états; ce prince ayant épuisé
toutes les négociations, pour ramener à la raison
le Saint-Siége, qui voulait déchaîner *toutes ses.*
foudres, fit un coup d'état en disant :

Je ferai rendre à César le trône des Césars,

Ce peu de mots paralysa la puissance papale
qui *demanda la permission* de se rendre à Vienne;
et S. M. I. *lui fit expédier des passeports.* Sa
Sainteté ne s'opposa plus aux réformes salutaires,
et même encore aujourd'hui la puissance sacerdotale, jusqu'à la *jésuitique*, se trouve bannie
des états de l'Autriche : elle est un instrument
du prince Metternich pour connaître les démar-
ches et le secret des puissances qui ont la faiblesse
de la tolérer, et leur donner une consistance politique.

Victor-Amédée II montra la *potence* au marquis de Saint-Thomaso qui était son favori et
son ministre; il lui dit : *Elle est aussi pour les*
ministres qui font des injustices.

Par ce coup-d'état il fonda cette intégrité qui caractérisa pendant plusieurs règnes l'administration sarde.

Charles-Emmanuel III fit emprisonner pour le reste de ses jours son père qui avait abdiqué la couronne en sa faveur; et, par ce coup-d'état, sauva son règne d'une grande catastrophe.

Louis XIV avec ses éperons et son fouet à la main dans le parlement, et Cromwel avec un bon mot satirique, *ôte de là cette marotte*, firent des coups-d'état qui mirent le gouvernail dans des mains vigoureuses pour les intérêts de la France et de l'Angleterre.

Les décrets de Milan et de Berlin, rendus par Napoléon, furent des plus grands coups-d'état qui rendirent l'industrie indigène sur le continent d'Europe, et avaient préparé la chute de la Grande-Bretagne s'il n'avait pas mis de côté les intérêts de la France.

Ce ne sont pas seulement les monarques doués d'une extrême énergie qui peuvent porter de grands coups-d'état, car sous le bon Georges III, affligé par une maladie involontaire (la démence), nous voyons ses ministres, par des coups-d'état dans l'intérêt de la nation anglaise, lutter pendant vingt-sept ans contre la puissance d'un homme extraordinaire, et parvenir à subjuguer la France, bien supérieure,

6

sous tous les rapports, à la Grande-Bretagne : même sous Georges IV, à la restauration, par un grand coup-d'état, ces mêmes ministres couvrirent du sceptre britannique le continent d'Europe ; et les puissances européennes, lâchement intimidées par ce coup-d'état du cabinet de Saint-James, enchaînèrent les peuples, et souffrent encore aujourd'hui un tel joug humiliant.

Le cardinal de Richelieu, sous le prince le plus faible, Louis XIII, fonda la grandeur de la nation française par des coups-d'état, et rendit à l'Europe des services éminens en affaiblissant la puissance formidable de la maison de Lorraine, et en affranchissant une grande partie de l'Europe de la domination de Rome.

Que les princes héréditaires puissent apprendre que tout homme qui sait inspirer de la confiance à un peuple, à une nation généreuse, peut porter de grands coups-d'état.

Dernier coup-d'état de S. Exc. M. de Villèle.

Il paraît que S. Exc. M. le comte de Villèle, à l'instar des grands ministres, a voulu faire un grand coup-d'état en dissolvant la chambre élective et en augmentant la chambre héréditaire de soixante pairs.

Pour apprécier cet événement majeur, il faut connaître quelle était la situation politique des ministres à la fin de décembre 1827.

On sait que la nation française, sans nuire à son industrie, à son agriculture, à son commerce, peut, pour *son indépendance,* mettre sur pied et entretenir sous les armes six cent mille hommes; et comme a dit M. de Châteaubriand : « Et quels soldats ! ! ! »

Plus, grâce à la congrégation, la France a aujourd'hui assez de *cloches* pour pouvoir, en moins de six mois monter six mille pièces d'artillerie sur les affûts.

La nation française, lorsque *l'honneur l'appelle, n'est jamais tardive, elle s'électrise, devient enthousiaste, et aucune difficulté ne l'arrête.*

Avec tous ces avantages majeurs, et bien d'autres encore, qui dirait que c'était la politique de la Sainte-Alliance, en masse, *qui éclairait et dirigeait* le cabinet des Tuileries.

Alexandre, chef de la Sainte-Alliance, n'a-t-il pas, d'abord, à l'occasion du régime des cortès en Espagne, mis à l'épreuve l'obéissance du ministère français, en lui *ordonnant* de marcher, ou qu'*il aurait fait avancer une armée moscovite sur le Rhin;* aussi leurs Exc. *satisfirent-elles* l'empereur théocrate; et l'invasion d'Espagne

6..

eut lieu pour porter dans la Péninsule le désordre et y établir l'anarchie.

La Grande-Bretagne, n'ayant pour le moment à craindre que la France, sait faire *valoir* la fin de Paul, de Tippo-Saïb; les événemens de Copenhague, de Wasingthon, et de bien d'autres coups-d'état; et d'après des *avis si salutaires* on peut croire que le ministère de M. de Villèle était très souple aux ordres du cabinet de Saint-James, qui fait encore agir pour les intérêts de l'Angleterre, le cabinet de Vienne contre la France.

Le prince Metternich, pour ceux des états d'Autriche, et pour pouvoir appesantir à son aise sur l'Italie, sur l'Allemagne et sur la Suisse, *domine* le gouvernement français en lui présentant son *palladium*, et entretient en France, par la condescendance de la Rome politique, la désunion et *le feu sacré* de l'absolutisme.

La Rome politique, pour sa propre suprématie, et pour conserver la protection de la Sainte-Alliance, abuse des sentimens *pieux* et *bons* qui caractérisent la dynastie des Bourbons; elle les a circonscrits par la congrégation, qui s'est donné une consistance politique, et a établi à Paris le centre de toutes les opérations des ennemis de la France sous l'égide de la sainte compagnie de Jésus; de sorte qu'avec la plus

grande célérité, elle peut en même temps cor-
respondre avec Vienne, Rome, Madrid et Lon-
dres, par l'entremise des diplomates et autres
agens secrets, sans parler des grands avantages
qu'elle peut tirer du *respect religieux* que pro-
fesse l'administration générale des postes, dépo-
sitaire de la foi publique.

La congrégation, avec des protecteurs et des
moyens si puissans, a envahi en France toutes
les avenues du pouvoir, s'est créé une police
effrayante; et par le chef de cette même police,
qui faisait partie du conseil du Roi, a su-
bordonné le ministère à la volonté immédiate
des jésuites qui peuvent disposer de sommes
immenses : aussi la centralisation du pouvoir
se trouvait-elle sous l'influence de ses *saints
pères.*

On nous objectera, c'était donc un *grand
homme* que ce directeur général de la police?

D'abord, nous observerons que la politique
des jésuites a de tout temps été de n'accorder
aucune place éminente à des hommes *de mérite*,
de crainte qu'ils ne se rendent indépendans ou
qu'ils ne se laissent point influencer, de telle
sorte qu'ils ont toujours choisi parmi la *médio-
crité, obéissance et servilité.*

Le cabinet des Tuileries fut à son tour forcé
de graviter avec violence sur la nation française,

afin de pouvoir *complaire* aux grandes exigences de la Sainte-Alliance en masse (de la Russie, de l'Angleterre, de l'Autriche, de la Rome politique, des jésuites, des congréganistes et de la police qui dirige tout).

Maintenant il nous reste à examiner si le coup-d'état, mûri par Son Excellence, de renouveler la chambre élective, était de débarrasser la nation française des exigences toujours croissantes des sept prééminences ci-dessus nommées, ou si M. de Villèle, ne pouvant s'empêcher d'alimenter des insatiables, *seul* moyen de conserver la présidence et le portefeuille, forcé, malgré sa grande probité, de *faire partie* (d'après la clameur publique) d'*une administration injuste*, et malgré son grand désintéressement, obligé de *tricher*, au lieu *de jouer cartes sur table*, s'est cru assez fort appuyé par la confiance du Roi et son 3 p. %, de pouvoir se rendre indépendant ; sans doute qu'il se croyait comme Ouvrard en Espagne, l'*homme indispensable*.

La chambre élective ne fut dissoute par Son Excellence que pour disséminer sept à huit orateurs fastidieux, surtout dans les débats en matière de finance ; et certes depuis la restauration le budget est l'objet principal.

Il fallait aussi s'appuyer de la chambre des pairs, car, lorsqu'on y présenta le budget de

1828, que la chambre des députés venait d'a-
dopter au bruit du postillon-clôture qui emmè-
na de suite dans leurs départemens les députés
fatigués d'avoir tant crié *aux voix! aux voix!*
aux voix! la France espérait que la chambre
des pairs aurait forcé le ministère à ajourner la
chambre élective pour pouvoir apporter des
modifications à un si énorme budget; mais Son
Excellence, qui n'avait pas encore perdu *la*
carte, et par un petit coup-d'état qui *n'atteignit*
que M. le comte Hyde de Neuville, fit que le
budget de 1828 ne trouva à la chambre des pairs
qu'une faible opposition; aussi M. de Villèle ne
voulant pas avoir à l'avenir à prodiguer de semblables *petits coups-d'état*, trouva-t-il plus expé-
ditif, à l'instar de son prédécesseur M. le duc
Decazes, de faire nommer soixante-seize pairs.

En 1819, le ministère avait besoin de ce ren-
fort, le danger pressait; ce fut un acte de haute
politique, une victoire importante et décisive
remportée sur les *ultra* royalistes; et on a dit
alors « que les intérêts de la révolution entraient
» en majorité et pour toujours dans la chambre
» des pairs. »

Il paraît que M. de Villèle n'a introduit à la
chambre des pairs que des nobles ministériels,
et il a cru par-là rendre un service éminent aux
ministères qui se succèderont.

En réfléchissant sur la marche politique de M. le président du conseil, qui renouvela *ex abrupto* la chambre législative, et nomma 60 pairs, tout homme peut juger que Son Excellence *n'avait pas en vue les grands intérêts de la France*. Resté à savoir s'il avait en vue ceux de la congrégation ou sa propre indépendance.

Hélas !...... Le coup à l'état manqua et les nouvelles élections donnèrent un coup mortel à Son Excellence et à son ministère.

Son Excellence s'est aperçue un peu tard que *l'avenir est un livre inintelligible à l'homme*, et a senti la nécessité de faire des concessions, de sacrifier même quelques collègues, mais comment ne pas blesser les grands intérêts de la congrégation, des puissances étrangères et de quelques grands personnages; encore, pour les remplacer, n'est-il pas facile de trouver des hommes doués d'une aussi grande souplesse que M. le comte de Villèle.

On prétend que Son Excellence ne pouvant former un ministère selon *sa manière d'agir*, quitta la présidence du conseil et le ministère, et que par un nouveau coup-d'état elle s'est réservée la présidence du conseil privé.

Tant de *coups portés à l'Etat* par le dernier ministère ont occasionné des plaies si profondes à la nation, qu'il faudra long-temps pour les ci-

catriser ; et qui pourra en calculer les conséquences.....?

En attendant, ce généreux et grand peuple
s'est réfugié *dans le sanctuaire de la justice*,
que des ministres déchus *ne respectèrent*
même pas.

CHAPITRE XIV.

*Luxe et luxe des gouvernemens , dit représen-
tation.*

Une nation est prospère lorsqu'il existe de la
surabondance au nécessaire. L'aisance devient
nationale et amène le luxe, qui se trouve pro-
gressivement répandu dans toutes les classes.

- La prospérité et la surabondance se trouvent
dans les contrées où les progrès des lumières ne
rencontrent aucun obstacle de la part des gouvernemens. Elles accélèrent la marche de la civilisation, et c'est le luxe à son tour qui contri-
bue puissamment à la propagation des lumières
et de la civilisation.

Tels sont aujourd'hui les Etats-Unis d'Amérique où l'homme est *homme*. Les lumières et la
civilisation ont un libre essor parce que la nation
américaine se trouve dégagée de la *puissance*

sacerdotale et nobilière, et l'administration *n'absorbe pas le fruit du travail du peuple* pour se créer un luxe insolent et tyrannique; aussi, dans cette république, la misère ne peut être que volontaire ou accidentelle.

Le luxe n'a pas besoin d'être encouragé; mais il se trouve plus ou moins répandu, si ceux qui concourent à l'amélioration de l'industrie, de l'agriculture et du commerce, peuvent jouir des fruits de leurs travaux.

Si les productifs ne sont que des serfs qui ne reçoivent pas en proportion de leur travail, ou que le fruit de l'industrie soit arraché par un gouvernement impie, par une puissance spoliatrice, alors il y aura une grande surabondance et un grand luxe pour les maîtres, pour les despotes, pour les oppresseurs, et malaise et misère pour la classe laborieuse.

Dans certaine contrée, le luxe et les maux marchent de front, afin d'accabler la pauvre humanité; et pour s'en convaincre, il faudrait assister, dans une grande capitale, au départ d'une procession solennelle où figurent les princes, les grands, et au départ d'une chaîne de galériens, et *méditer sur ce contraste.*

Les mêmes causes ne produisent pas toujours les mêmes effets. En Russie, quoique la cour, le gouvernement, la noblesse, étalent un grand luxe, on ne trouve pas *cette misère*, qui est le manque du nécessaire à la vie, et qui est *si commune* parmi les nations qui se croient les plus civilisées.

Dans ce *trop vaste* empire, il existe un malaise, un abrutissement. Le cheval, l'homme, le bœuf, la vache, la femme, et toutes les espèces qui travaillent pour alimenter le luxe des seigneurs et des affranchis, ne manquent pas de *nourriture*, *de feu*, *de vêtemens et d'abritage;* mais cette abjection d'assimiler l'homme à la brute, fait que l'agriculture et l'industrie languissent, les arts et les sciences ont de la peine à se développer : tout sent l'esclavage.

En Russie, on appelle paysan, esclave, l'individu qui a atteint sa quatorzième année. Les femmes, les enfans en bas-âge et les vieillards ne comptent pas comme des êtres productifs. Un seigneur qui aura dans ses terres cinquante mille serfs, dira dix mille paysans. Il n'est jamais question de familles.

Si la Russie est en paix avec l'Angleterre, chaque paysan produit au seigneur de 20 à 22 f. par an; de sorte que les cinquante mille esclaves, représentés par dix mille paysans, rapportent individuellement à peine 4 fr. 4 fr. 50 c. On sent qu'il ne peut exister un luxe parmi ce *bétail-*

homme, qui pourtant peut dire à son maître : *Donnez-moi du travail et du pain.*

En France, en Angleterre, il n'y a plus de seigneurs : l'homme n'est plus attaché à la glèbe. Chacun travaille pour son propre compte ; aussi chaque individu, grand et petit, sans distinction de sexe, considéré par tête, rapporte annuellement à la masse sociale de 85 à 90 fr. En Angleterre, l'on calcule de 130 à 140 fr. par individu, à cause de la cherté des denrées et de la main-d'œuvre, produite par la monstrueuse dette publique.

Malgré qu'il existe une si grande disproportion entre le produit du travail de l'homme de ces deux puissances avec la Russie ; dans ce dernier empire, l'on ne trouve pas le *dixième des maux* qui accablent les grandes masses du peuple, comme en France et en Angleterre, quoique ces deux nations soient régies par des lois sociales, et vantent leur liberté et leur civilisation.

On se tromperait grossièrement si en Angleterre et en France on voulait juger le bien-être du peuple à l'apparence. Dans cette dernière contrée, le gouvernement couvre la misère publique par un luxe éblouissant. Chez les insulaires, par la taxe des paroisses.

Une grande partie des populations de ces

deux empires est obligée d'exister de priva-
tions sensibles, et plusieurs millions d'individus
manquent du nécessaire et sont dans un état
pire que les serfs russes; car les Anglais et les
Français ne peuvent pas dire à leurs MAÎTRES :
Donnez-nous du travail et du pain, et se trouvent contraints de supplier la commisération de
la nation *jouissante.*

Voilà cette grande puissance britannique qui
pourtant domine tous les gouvernemens, excepté
les États-Unis d'Amérique.

Voilà cette nation française naguère si puissante qui pourtant fait encore l'admiration de
l'univers.

Si l'esprit mercantile et de domination de
l'aristocratie anglaise cause tant de maux au
monde entier, d'autres contrées d'Europe sont
encore bien affligées par le luxe du gouvernement, dit *représentation.*

Nous ne connaissons pas la définition que le
dictionnaire des courtisans et ministériels donne
à l'hydre de la représentation pour laquelle
des gouvernemens absorbent les nécessaires du
peuple pour alimenter cet insatiable monstre
qui ne *veut* se nourrir que de larmes, de sueur
et du sang de la pauvre humanité. Aussi l'on
voit d'un côté la véritable représentation de la
misère publique, qui *entasse les malheureux*

dans les hôpitaux, dans les prisons et dans les bagnes; d'un autre côté, une infinité de mendians, couverts de haillons, obstruant les passages et les temples, et dont la majeure partie se rend en foule aux *bureaux de bienfaisance* et à celui du *Mont d'impiété*, pour lesquels *la terre même anticipe leur réception.*

Peut-on considérer tous ces bienfaits comme une surabondance au nécessaire, comme un luxe national capable de faire aimer un gouvernement, estimer la royauté, défendre la monarchie.... !!!

Un monarque qui est pénétré de ces devoirs, qui sait apprécier la dignité d'un diadême, qui veut connaître les maux des peuples et les réparer en même temps, peut-il se constituer *tête de cette monstrueuse hydre ;* et parce qu'il est souverain d'une grande nation, accepterait-il, pour sa part, 3oo milliers pesant *d'argent*, masse plus que suffisante pour l'existence de 3oo,ooo *sujets*. Une telle offre ne peut être faite que par de grands valets dignitaires, des ministres courtisans, et appuyée *consciencieusement* par des évêques parjures, qui entourent la tête couronnée, la tiennent prisonnière, la gardent à vue, afin qu'elle accepte les 3oo milliers d'argent, et qu'elle n'ait aucune idée des valeurs et des rapports qui existent entre *la na-*

ture des impôts et le salaire journalier de la classe la plus utile et la plus laborieuse, celle qui soutient le corps politique, la royauté, la dynastie (1).

Ces excellences, ces grandeurs, ces révérendissimes, ces éminences, sont assurées d'avance qu'elles pourront absorber une grande partie de cette énorme masse de numéraire qu'on dit indispensable au monarque, sans préjudice de ce qui leur faut encore à cause de leur élévation, pour leur propre représentation, puisqu'elles peuvent se donner une grande rétribution, étant les maîtres de diriger la volonté de la tête couronnée.

Les états-majors de toutes ces représentations se composent, dans un grand empire, à-peu-près de mille individus, qui forment un cercle, et tous, par leurs représentations, font assaut d'épicurisme. Aujourd'hui c'est la cour, demain le duc, un autre jour le ministre, le grand fonctionnaire; peut-être le vendredi l'archevêque. Ce sont toujours les mêmes individus qui se transportent par masse les uns chez les autres à leur tour. Dans les provinces, les grands fonc-

---

(1) Dans les chapitres *Finances*, nous développerons les tristes effets occasionnés par les impôts onéreux.

tionnaires suivent à-peu-près la même étiquette
de la capitale.

Les savans, les hommes d'état, en un mot
les génies qui dirigent cette grande *représenta-*
tion, sont des cuisiniers, des sommeillers, des
chefs d'office, des décorateurs, des jongleurs,
des chefs d'orchestre, des comédiens, etc., etc.,
qui, parce qu'ils ont le talent *d'aiguiser* le goût
de leurs excellences, de leurs altesses, de leurs
éminences, deviennent des personnages importans, qui occupent la grande représentation qui
les récompense six fois mieux que ne l'est un
juge intègre, un président d'une cour impar-
tiale, un professeur instruit, un défenseur de
la patrie.

La représentation trouve encore le moyen
d'étendre son luxe, en se procurant de nouveaux
fonds extraordinaires pour élever des édifices,
faire faire des simulacres à l'instar du veau d'or,
stipendier des ambulances, bâtir des palais pour
loger et entretenir somptueusement ceux qui,
pour de l'argent, se disent les médiateurs entre
Dieu et l'homme, les interprètes de sa volonté
suprême, et qui prônent la représentation
comme un bienfait de la divinité.

Toutes ces momeries et ce luxe insultant
n'ont d'autre but que de dépouiller et dégrader
le seul *temple de Dieu,* L'HOMME !....

L'éclat de la représentation de Joseph II vi-
sitant, sans faste et à l'improviste, les malheureux, les différentes branches de l'administration, et se mettant à la tête de la civilisation;
de Frédéric II, philosophe, grand capitaine,
économe prévoyant pour son peuple ; de Charles Emmanuel III, homme d'état, vaillant
guerrier et grand administrateur; de Henri IV,
roi de France, la haine des jésuites; du bon
Louis XII, père du peuple, haï des courtisans;
et de tant d'autres souverains se promenant seuls,
en redingote, au milieu de leur peuple, qui,
tout bas, répétait : voilà *notre bon roi, notre
grand empereur, notre père*, etc., etc., etc.

La représentation de ces grands princes est-
elle comparable à celles que les courtisans font
étaler si impolitiquement à des souverains qu'on
ne peut apercevoir que dans des cages dorées,
toujours traînées au galop, le plus souvent par
une quadruple force, précédées par des éclai-
reurs, une avant-garde, entourées d'une centu-
rie, suivies par une réserve, tous armés de
mousquetons, carabines, sabres, se tenant,
comme dans un pays conquis, toujours prêts à
agir hostilement, et criant : *chapeau bas*; plus,
les rues adjacentes et parallèles au passage du
prince, flanquées par de nouvelles forces, sans
compter une légion d'agens et de mouchards,

7

qui *étant inobservés* prennent des notes.... et tout cet attirail hostile au milieu d'un peuple paisible, qui hausse les épaules, lève les yeux au ciel, soupire et dit : *Ah! si le roi le savait....*

Que les princes héréditaires, plus dans leur propre intérêt que dans ceux des peuples, veuillent fixer leurs regards sur les États-Unis d'Amérique, où le président, chef de l'État, point central du pouvoir et de la représentation *prospère* de la nation américaine, qui a une gravitation prépondérante dans la balance européenne, n'a pour tout traitement que 130,000 francs.

CHAPITRE XV.

Ministres.

Marie-Thérèse, pour former le cœur de son fils et le mettre à même de soutenir avec dignité la couronne impériale, trouva les moyens de porter la méditation du jeune prince sur les causes qui ont élevé la grandeur des empires ou produit leur décadence.

Joseph II avait marqué dans sa jeunesse une espèce d'aversion pour Kaunitz, et l'on peut dire que tant qu'il fut prince il le haïssait.

Persuadé que les attributions de l'*homme* et du

souverain, quoique réunies dans la même personne, doivent être entièrement séparées à l'égard de l'administration, à la mort de la reine de Hongrie, le premier acte de l'empereur Joseph II fut de confirmer Kaunitz premier ministre.

Dès ce moment, *l'homme* disparut de sur le trône d'Autriche, ainsi que tous les anciens amis, conseillers, flatteurs, etc., etc., etc., et le seul souverain resta.

Ce prince philosophe savait que le corps politique est sujet à différentes maladies, à-peu-près comme le corps humain, et considérait les médecins et les ministres comme les régulateurs du corps, soit de l'homme, soit de la nation.

Nous ne prétendons point vouloir généraliser dans l'art de guérir, comme dans celui d'administrer, car ce serait tomber dans une grande faute.

La religion, le climat, les productions, l'aisance, la misère, nécessitent de varier le traitement des infirmités humaines, comme il y a nécessité de varier les bases de l'administration selon le degré de civilisation, d'étendue de territoire, de population, de position topographique, de l'état de l'agriculture, de l'industrie et du commerce; voilà un des motifs du système d'unité de domination adopté par la

7··

Sainte-Alliance, qui consiste à vouloir étendre dans les pays civilisés, comme dans les contrées sauvages ou demi-sauvages, le pouvoir absolu, en confiant les rênes de l'État entre les mains de l'oligarchie. Ce mode n'a pas eu et ne peut avoir de résultats heureux pour les peuples; il a même produit des effets contraires, et des princes n'ont pu prévoir sans doute que des trônes se seraient trouvés séparés de leur nation, et qu'une partie du continent d'Europe serait aussi tourmentée par ce même système d'unité, ce qui augmente cette tendance à la démocratie; et Dieu seul sait quand ces maux toujours croissans finiront et de quelle manière!.....

L'on doit faire observer aux princes héréditaires que lorsqu'il s'agit de conserver la santé de l'*homme-souverain*, ou de traiter ses maladies corporelles, l'on ne cherche pas des Esculapes parmi des fourbes courtisans ou ignares, qui n'ont d'autre science que leurs titres de noblesse, ou parmi ceux qui savent le mieux faire des courbettes; mais qu'au contraire l'on s'empresse de les rechercher parmi les hommes de l'art les plus savans, parmi ceux qui ont le plus d'expérience, en unissant la théorie à la pratique; et l'on a soin de faire le choix parmi les hommes qui sont justement honorés par l'opinion publique, sans investiguer les droits, la naissance,

s'ils vont aux vêpres ou à la mosquée, ou s'ils
pensent politiquement bien ou mal.

Le corps physique du souverain n'est-il pas la
nation ? Les ministres ne sont-ils pas les médecins
régulateurs du corps politique ; pourquoi des
princes prennent-ils tant de précautions comme
hommes, et tant de nonchalance pour diriger
les intérêts de la couronne, qui sont ceux de la
nation ?

Tout le monde éclairé sait que lorsqu'un
souverain faible régit l'État, ce n'est pas sa
volonté qui nomme les ministres, mais bien
les courtisans comme étant les seuls qui peuvent
approcher d'un tel trône. C'est *eux*, parmi *eux*
et pour *eux* que les ministres sont imposés
au prince, afin que la religion du monarque
ne soit point éclairée pour opprimer et
pressurer le peuple et s'en partager ensuite les
dépouilles. Pour ces *excellences* tarées, l'hypocrisie, l'orgueil, l'audace, sont les bases de leur
administration.

Que leur importe qu'elles soient la cause inique
des maux qui accablent la nation, que leurs noms
deviennent exécrables, qu'elles facilitent les vues
ambitieuses des étrangers, qu'elles accélèrent la
décadence de la monarchie ; leur ignominie s'entoure de titres pompeux, et l'*or* surtout les dé-
dommage de l'animadversion publique. Toute

leur politique consiste à usurper la confiance du monarque en l'épouvantant par le mot *révolution* ; c'est le grand *mobile* , le grand *talisman* de l'oligarchie, de la congrégation, des vampires; mais on se gardera bien de leur présenter les *causes* qui les amènent ; car il n'y aurait *jamais* de révolutions.

Ce sont des ministres, des fonctionnaires, des magistrats, des évêques parjures, qui, par bassesse, hypocrisie ou vénalité, accumulent les orages politiques, s'écartant de la *justice* et de l'*économie,* qui sont le seul dogme religieux de *tous* les gouvernemens, l'*unique* base de l'ordre social.

Ces ministres, ces fonctionnaires, ces magistrats, ces prélats, préfèrent s'assimiler aux assassins des bois, qui ont aussi au bout de leurs carabines, le pouvoir législatif et exécutif; qui, se croyant maîtres de la force, imposent silence (la *censure*), tendent des piéges (*agens provocateurs*), dépouillent (*impôt* cruel) , tuent (feu sur le peuple) , et de leurs brigandages, assassinats , meurtres , en accusent les infortunés peuples qu'ils réduisent à la misère.

La confiance du peuple et non celle du souverain , peut *seule* honorer les ministres; car rien n'est plus facile à des fourbes de tromper un prince faible , imbécile , ignorant; mais il leur est impossible d'en imposer à une nation éclairée, surtout lorsque tous leurs actes ne portent que l'empreinte de l'intrigue, de la perfidie, de la corruption, de la cruauté : c'est dans le chapitre *impôts* que nous espérons faire tomber le masque de l'hypocrisie, et prouver aux princes héréditaires jusqu'à quel degré une monstrueuse administration peut abuser de la confiance du souverain.

D'après le degré où se trouve la civilisation, et la rapidité avec laquelle se propage la corruption et l'injustice de quelques gouvernemens, nul doute que les monarchies qui ne seront point entièrement basées sur les grands intérêts des peuples, finiront par disparaître.

Princes héréditaires, tous ces raisonnemens ou plutôt ces sophismes ministériels, pour proclamer la balance du pouvoir, le droit de la couronne, celui des nations, la nécessité de la puissance ministérielle, la suprématie sacerdotale, les prérogatives de la caste nobilière, l'autel soutien des trônes ; tous ces grands mots vides de sens ne sont inventés que par l'absolutisme et pour l'indépendance d'un petit nombre d'individus qui se refusent *d'être citoyens*, parce qu'ils veulent vivre d'un grand superflu en arrachant le nécessaire du peuple, et qui n'ont d'autre but que d'accélérer la chute des empires.

Princes héréditaires, soyez convaincus qu'il n'y a que des ministres ignares, hypocrites, avides, vindicatifs, qui parlent sans cesse de révolutions et qui les craignent ; aussi tous ceux qui osent se plaindre de leur concussion, de leur injustice, *sont des sujets suspects.*

Tous ceux qui cherchent à éclairer les peuples sur les devoirs des ministres, des fonctionnaires, des évêques, *sont des rebelles, des impies.*

Tous ceux qui n'approuvent pas leur inique administration, *sont des républicains, des régicides.*

Tous ceux qui ont le courage de traduire leurs excellences et leurs accolites à la barre de l'opinion publique, *sont des révolutionnaires.*

Tous ceux qui cherchent à leur porter atteinte, pour mettre un terme à leur brigandage, à leurs assassinats, *sont de grands conspirateurs.*

Pour ces ministres désorganisateurs, la réparation des maux et des torts occasionnés, soit aux nations, soit aux individus ; la justice et l'économie considérées comme seuls dogmes religieux des états ; l'attachement aux intérêts majeurs de la nation, le rétablissement de l'ordre ; enfin toutes les améliorations que le corps social a droit de réclamer, sont regardées comme de grandes révolutions, auxquelles leurs excellences s'opposent de toute leur force pour que la religion des princes qui sont justes, ne soit pas éclairée.

D'après la loi fondamentale de l'état, « toutes les fois qu'un ministre se permet un acte arbitraire, *il trahit* le maître au nom duquel il agit, parce qu'il le rend à son insu *injuste et despote.* » Il *trahit* la nation, parce qu'il détruit cette confiance *indispensable*, qui doit exister entre le trône et le peuple.

Dans une monarchie constitutionnelle, « si le roi fait mal, c'est qu'on le trompe; s'il s'égare, c'est faute de lumières. Or, ses ministres doivent l'éclairer; s'ils négligent ce devoir, il est juste que l'animadversion les poursuive et que la vengeance publique les atteigne : les bagnes, les bannissemens, l'échafaud, doivent aussi atteindre les ministres et les fonctionnaires *parjures et traîtres* (1). »

---

(1) Malgré l'édit de Louis XIV, qui défendait toute procédure contre les ministres, le parlement, à son tour, décréta Lass.

CHAPITRE XVI.

Responsabilité des ministres.

LES monarchies ont le grand avantage que le souverain peut récompenser, même de grandes actions, par un peu de gloriole, des titres, des grades, des dignités nominales, quelques rubans. C'est ce que Louis XIV appelait son *orviétan*, et Joseph II, *espèces en compte* qui ne sortent point du trésor; mais aussi leur efficacité et leur valeur augmentent si c'est une main avare qui sait les distribuer.

Dans l'éducation des héritiers des couronnes, il faut essentiellement leur inculquer que tous les grands princes ont eu pour base que *la pluralité des excellences* finit par nuire à la dignité de la couronne, c'est-à-dire aux intérêts de la nation.

Joseph II savait que toutes les fois qu'un ministère, une ambassade, une administration, un corps quelconque, se trouvaient régis par un subalterne, il était sûr qu'ils devaient bien marcher, et surtout avec célérité, et que l'état et le trône ne pouvaient qu'y gagner; car il disait: *Son Excellence me coûte 25 à 30,000 florins par an, et ne travaille que quatre ou cinq heures par jour; Monsieur n'a que 3 à*

4,000 florins, et se trouve occupé pendant douze
à quatorze heures.

Aussi, depuis la restauration, nous voyons
dans un vaste empire que les excellences s'étant
multipliées, les impôts, la misère, la corruption,
la population des hôpitaux, des prisons, des
bagnes, enfin des maux de toute espèce, et
même la décadence de la monarchie, suivent la
progression de la *pluralité des excellences.*

Généralement, dans les monarchies bien ad-
ministrées, il n'existe qu'un seul ministre qui
représente le roi. Ce ministre se considère
responsable de tous les maux que son administration peut occasionner, soit à la nation, soit
aux citoyens. Il n'y a que l'aveuglement des
monarques qui mette à l'abri le ministre de
toute responsabilité, en disant ces mots : *de*
notre autorité, mots qui ont été bien funestes à
des princes qui les ont répétés trop souvent.

Depuis la révolution française, les lumières
ont fait de tels progrès parmi les peuples euro-
péens, que les anciens systèmes, qui depuis bien
des siècles servent de base administrative, se
sont trouvés partout plus ou moins ébranlés, et
des gouvernemens qui n'aiment point sortir de
leurs bornes, se traînent en admettant la civilisation en apparence et la barbarie dans l'exécution.

Ils posent en principes et proclament que le mérite seul, uni à la probité, doit primer dans l'administration, et nomment presqu'à toutes les places des hommes tarés, ignares, ambitieux, cupides, et dont souvent tout le savoir ne consiste qu'en de vieux parchemins.

Les ministres proclament les principes religieux, et la seule hypocrisie envahit les administrations, entoure le trône ; et la corruption est le seul dogme religieux des gouvernans qui foulent aux pieds le serment le plus solennel.

Ils proclament la justice distributive, et ils créent un tribunal suprême, dit *Conseil-d'état*, qui, à huis-clos, peut retarder, arrêter, annuler les poursuites judiciaires contre des fonctionnaires.

Pour l'oligarchie, ils établissent une chambre haute qui est une cour souveraine pour juger la haute aristocratie et les ministres.

Pour la nation, ils créent un parquet qui a seul l'initiative et la direction des poursuites judiciaires ; et les tribunaux ne sont plus que les instrumens secondaires du gouvernement. Les juges intègres sont considérés comme des rebelles, et pour les balancer, on introduit dans les cours des juges suppléans qui sont voués au pouvoir.

On proclame les mœurs et on multiplie et

protége tous les établissemens de corruption pour alimenter le crime; plus, ils en font le monopole et en partagent le produit.

On proclame le bien-être du peuple, et par une fiscalité barbare, on lui arrache le nécessaire et on le réduit à la misère.

On proclame l'économie, l'ordre, et on prodigue l'argent par quintaux à tous ceux qui peuvent empirer les maux de la nation, perdre les dynasties et accélérer la chute des empires.

Et comme il serait impossible qu'un seul ministre pût soutenir un tel régime de *barbare-civilisation*, depuis la restauration, plusieurs gouvernemens ont adopté le système de la Grande-Bretagne, qui est gouvernée par un conseil de ministres nommés par le monarque, et ce prince est déclaré non-responsable.

On ne veut pas considérer que la position de l'Angleterre est telle, que son mécanisme ne peut être adopté par aucune puissance du continent de l'Europe.

D'abord ce n'est pas le roi qui a octroyé la Charte; mais il a accepté la constitution des grands qui se sont établis en république.

La royauté, en Angleterre, n'est qu'un roc où vont se briser toutes les ambitions.

La nation a l'initiative des lois, et les ministres, quoique nommés par la couronne, sont ceux de la nation; et le premier ministre, en Angleterre, est le véritable doge de la république aristocratique anglaise.

La responsabilité des ministres et des fonctionnaires n'est point un vain mot. Ils suivent la marche de la civilisation.

En Angleterre, il n'y a plus de *haute* aristocratie; mais tout citoyen qui a 125 livres sterling à dépenser, fait partie intégrante de cette aristocratie républicaine; elle se crée une magistrature *intègre*, *entièrement indépendante de l'influence de la cour* qui ne peut pas paralyser l'empire des lois.

L'Angleterre a une tendance irrésistible à la démocratie, et la Grande-Bretagne sera la première qui se constituera en monarchie démocratique.

Quelle est la puissance du continent d'Europe qui ait une organisation sociale comme l'Angleterre pour *admettre* un conseil de ministres délibérant et responsable.

Il faut être conséquent : *le roi n'est pas responsable.* Le roi nomme les ministres; le roi seul a l'initiative des lois; les ministres ne peuvent reconnaître que le roi pour leur maître. Aussi un ministre a dit à une tribune : *Je n'ai pas de compte à rendre.*

Si le monarque a fait un mauvais choix ou

appelé au ministère des hommes incapables,
comment ces ministres composant le conseil du
roi et à l'*ombre* de la puissance royale qui les
préside, peuvent-ils être responsables de leur
mauvaise administration, soit en masse ou isolé-
ment? Peut-on réclamer contre un conseil délibérant qui se trouve à l'abri de la toute-puissance
judiciaire?

Peut-on réclamer contre des ministres lorsqu'on admet en principe de jurisprudence que
le roi est partie intégrante du gouvernement,
plus chef du gouvernement; et que ce *chef-roi*
n'est pas responsable? Alors, il n'y a plus centralisation de pouvoir exécutif: c'est la jurisprudence même qui détruit la responsabilité ministérielle.

Qu'on se rappelle l'époque où la république
envoya dans la Vendée Santerre, général en
chef. Ses talens militaires consistaient, comme
on a dit dans le temps, *à n'avoir de Mars que
la bière*. Sous un tel général l'armée républicaine fut anéantie.

Le comité de salut public l'appela à la barre,
et désirait le condamner à mort; toute sa défense
consista à dire : « Citoyens! qui de nous est cou-
» pable? est-ce moi qui ai mal commandé ou
» vous qui m'avez envoyé? Ai-je commis un crime
» d'avoir obéi?... » Santerre fut absous.

Un conseil de ministres délibérant n'est autre chose qu'un directoire dont le roi n'est là que pour légaliser les actes, bons ou mauvais, du ministère qui a tous les vices du directoire.

Sous un tel gouvernement il n'y a plus de secret; l'intrigue, la corruption, les factions, y trouvent une grande pâture; les étrangers peuvent influencer et avoir même des amis parmi les membres des ministres; la dilapidation est à l'ordre du jour. Il ne faut plus parler de justice ni d'économie, et tous les infâmes agens de la police deviennent les seuls principaux moteurs du gouvernement; et, pour étouffer les plaintes des malheureux, les ministres sont les premiers à crier : *O tempora! ô mores!* et s'empressent de faire graver sur marbre blanc : INFANDA TEMPORA; lorsque le peuple souffrant pourrait dire avec plus de raison : *Infanda venalitas, infanda hypocrisis, infanda administratio, infanda arrogantia, infandum ministerium.*

Tout homme qui repousse la responsabilité, et qui agit d'après les principes de l'inviolabilité, ne peut pas être considéré comme membre du corps politique; c'est un individu qui tend à la désorganisation du corps social.

Dans une monarchie, si on déclare le prince non responsable, il faut un seul ministre qui représente le gouvernement et *qui se charge de la responsabilité.* Alors tous les chefs des départe-mens, dits *ministères,* ne doivent plus avoir d'au-tres titres que ceux de secrétaire d'état, ou di-recteur-général, ou administrateur, etc., etc., et jamais celui de ministre.

Ils peuvent avoir voix consultative, et *jamais délibérative;* dès-lors le ministre devient res-ponsable à l'état, et sera le premier à réclamer la responsabilité des secrétaires d'état, et ceux-ci des fonctionnaires, parce que le ministre ne pourra pas s'excuser *sur la majorité du conseil délibérant* ni sur la volonté du souverain.

Un tel ministre ne confiera pas les grandes ad-ministrations, les préfectures, les sous-préfectures, à des hommes avides, rampans, orgueilleux et ignorans, mais il cherchera des jurisconsultes éclairés et probes; il ne donnera pas la repré-sentation à l'étranger, à des grands noms, mais il la confiera à des hommes de mérite; *il respec-tera et honorera la magistrature* comme étant le seul soutien des monarchies; il veillera à la dé-fense du territoire en *nationalisant* l'armée; il laissera aux communes la liberté de s'adminis-trer et de se nommer pour un temps court, mais déterminé, leurs maires et leurs officiers muni-cipaux, comme c'est l'ordinaire dans des pays

8

soumis au pouvoir absolu. Il cherchera par de grandes économies à cicatriser les plaies de la nation; il ne souffrira pas que la police politique et inquisitoriale *soit indépendante*, et que des ecclésiastiques et des évêques parjures troublent son administration, et abandonnent leurs troupeaux pour venir s'installer à la cour, pour y prendre part dans le temporel, le même pour tous les fonctionnaires. Il fera ressortir la grandeur du monarque par l'abaissement de la noblesse.

Un seul ministre dans un grand empire se croira très heureux de se réfugier sous l'égide des lois fondamentales de l'état pour pouvoir seconder les grands intérêts de la nation, et la responsabilité sera son gouvernail (1).

_____

(1) *De l'organisation municipale et perception des deniers publics.*

L'administration municipale se compose de tous ceux qui paient le *cens* dans la commune. Leurs fonctions durent deux ans et demi. Le plus ancien devient *maire* au bout de deux ans, et reste dans cette charge six mois seulement. Lors de sa sortie, le conseil nomme un nouveau municipal, et celui qui sort ne peut être réélu qu'au bout de deux ans; toutes les municipalités sont solidaires en corps.

Le *secrétaire* de la mairie doit être de *rigueur* un notaire. Il n'est amovible que par décision du conseil municipal, qui nomme aussi le *maître d'école*, le *percep-*

teur, le *médecin*, le *valet-huissier*, le *garde-champêtre*
et le *fiscal*, parce que le seigneur nomme le juge.

Tous les ans des délégués de la cour souveraine parcourent les communes à des jours déterminés pour donner
les assises. On sonne la cloche pour avertir tous ceux qui
ont à se plaindre, soit du juge, du fiscal ou autre, de se
présenter ; et les assises finies, les délégués adressent leur
rapport au tribunal suprême, qui fait droit d'après les lois
existantes.

Nous avons vu que les communes nomment leurs percepteurs ; aussi, les frais de perception des taxes qui coûtent à la France de 25 à 30 pour 100, ne coûtent en Allemagne, en Italie et en Suisse, que 1 pour 100.

Chaque Etat a son budget général pour les impôts qui
se divisent en autant de budgets qu'il y a de départemens.

L'intendant y ajoute les dépenses départementales ordi-
naires et extraordinaires, telles que les routes, les ca-
naux, etc., etc., etc., *et chaque partie du budget bien
détaillée*.

Ce budget départemental se subdivise alors en budgets
communaux qui composent le département ; le conseil
municipal des communes y ajoute les dépenses commu-
nales *bien motivées* ; et la répartition faite, on l'affiche
en public, afin que chaque contribuable puisse se rendre
raison de la quote qu'il est forcé de payer, ainsi que de
celle de son voisin.

Le conseil municipal est toujours solidaire vis-à-vis de
l'Etat, à l'égard de l'impôt, et le trésor n'a aucune action envers les contribuables retardataires, et l'intendant
seul, qui est toujours un jurisconsulte, est le juge com-
pétent entre l'individu et l'autorité communale.

La perception de la commune se donne aux enchères
et au rabais ; c'est un marchand, un négociant, un bouti-
quier de la commune, qui se charge de recevoir sans aucune rétribution, à cause des bénéfices que lui rapporte
le revirement de l'argent qu'il reçoit en tous temps et
qu'il n'est obligé de verser à la caisse départementale qu'à
des époques fixes.

Pour les retardataires, le percepteur donne la note à la

commune qui met un garnisaire; et la commune est autorisée *de jure* à faire toutes les poursuites.

A l'égard des contribuables insolvables, soit à cause des événemens, ou par force majeure, l'intendant décide d'après les lois qui l'autorisent, dans certains cas, à décharger la responsabilité du conseil municipal. Tous les ans l'intendant arrête les comptes des communes.

Dans chaque intendance (département), il existe un caissier et un trésorier de la couronne; le caissier départemental est toujours le percepteur de la commune chef-lieu, qui reçoit les deniers des percepteurs communaux, paie les dépenses départementales, et verse ensuite, entre les mains du trésorier de la couronne, les sommes qui lui restent.

Le bureau de la caisse départementale se compose d'un caissier-payeur, d'un contrôleur et d'un écrivain, sous la surveillance immédiate de l'intendance.

Le trésorier reçoit les impôts du caissier du département, des branches affermées et des douanes, qui consistent non seulement dans les produits des entrée, sortie et transit des marchandises, mais encore dans la gestion du papier timbré, poudre, plomb de chasse, tabac, sel, etc.; aussi la trésorerie paie-t-elle les troupes, l'ordre judiciaire, les pensions, les rentes, etc., etc., etc.

Le bureau de la trésorerie ne se compose que du trésorier-payeur, d'un contrôleur et d'un secrétaire; et quoique la trésorerie dépende directement de l'administration générale des finances, l'intendant peut, d'office, *ex abrupto*, se présenter à la trésorerie et vérifier les fonds.

D'après ce mode économique d'administration financière, la perception générale de l'Etat, paiement et transport des fonds des chefs-lieux à la trésorerie générale ne coûte à-peu-près que 1 à 1 un quart pour cent.

FIN DE LA PREMIÈRE LIVRAISON.